成功事例
満載

あらゆる販促を成功させる
「A4」1枚アンケート
実践バイブル

お客様の声から
売れる広告・儲かる仕組みが
確実に作れる!

販促コンサルタント
岡本達彦

ダイヤモンド社

はじめに――なぜ、「無名著者の本」が「名経営者の本」と肩を並べられたのか？

たくさんの本の中から本書を手に取っていただき、誠にありがとうございます。

突然ですが、あなたは新しい販促手法を否定するタイプですか？　それとも、まずはやってみようと思うタイプですか？

前者の方は、本書を読んでも役に立たないと思われます。せっかく手に取っていただいたのに恐縮ですが、そっと元の位置にお戻しください。

逆に後者の方は、本書のノウハウをかなり活用できると思いますので、ぜひ最後までお読みください。

本書の執筆中に「アマゾン上陸15年、『売れたビジネス書』50冊」（東洋経済オンライン調べ）が発表されました。２０００年11月以降の15年間に、日本のアマゾンでもっとも多く売れたビジネス書をランキングにしたものです。

次ページの図１からもおわかりのように、名著がずらりと並んでいます。

49位にはユニクロ（ファーストリテイリング）柳井正会長の『一勝九敗』が、46位にはＪＡＬ（日本航空）を立て直した京セラ稲盛和夫名誉会長の『アメーバ経営』がランクインしています。そして、その少し上の44位には、２００９年に出版した拙著『「Ａ４」１枚アンケートで利益を５倍にする方法』がランクインしています。

なぜ、無名の販促コンサルタントが書いた本が、日本を代表する名経営者の本と同じくらいアマゾンで売れ続けているのか？

不思議に思われるかもしれませんが、この売れ続けている理由こそ、私自身がこれからお伝えする「Ａ４」１枚アンケートを実践している効果なのです。私自身もお客様に「Ａ４」１枚アンケートを取り続けて、それらの声を日々のビジネスにつなげていった結果、前著が売れ続けているのです。

図1

アマゾン上陸15年、「売れたビジネス書」50冊

順位	書名（著訳者、出版社）
1	もし高校野球の女子マネージャーがドラッカーの『マネジメント』を読んだら（岩崎夏海著、ダイヤモンド社）
2	マネジメント［エッセンシャル版］（P・F・ドラッカー著、上田惇生訳、ダイヤモンド社）
3	スティーブ・ジョブズⅠ（ウォルター・アイザックソン著、井口耕二訳、講談社）
4	スティーブ・ジョブズ 驚異のプレゼン（カーマイン・ガロ著、井口耕二訳、日経ＢＰ社）
5	スティーブ・ジョブズⅡ（ウォルター・アイザックソン著、井口耕二訳、講談社）
6	伝え方が９割（佐々木圭一著、ダイヤモンド社）
7	できる大人のモノの言い方大全（話題の達人倶楽部編、青春出版社）
8	フリー（クリス・アンダーソン著、小林弘人監修、高橋則明訳、ＮＨＫ出版）
9	営業の魔法（中村信仁著、ビーコミュニケーションズ）
10	アイデアのつくり方（ジェームス・W・ヤング著、今井茂雄訳、CCC メディアハウス）
11	プロフェッショナルの条件（P・F・ドラッカー著、上田惇生訳、ダイヤモンド社）
12	財務３表一体理解法（國貞克則著、朝日新聞出版）
13	脳が冴える 15 の習慣（築山節著、ＮＨＫ出版）
14	ストーリーとしての競争戦略（楠木建著、東洋経済新報社）
15	稲盛和夫の実学（稲盛和夫著、日本経済新聞出版社）
	（中略）
43	本田宗一郎 夢を力に（本田宗一郎著、日本経済新聞出版社）
44	「Ａ４」１枚アンケートで利益を５倍にする方法（岡本達彦著、ダイヤモンド社）
45	ＭＡＫＥＲＳ（クリス・アンダーソン著、関美和訳、ＮＨＫ出版）
46	アメーバ経営（稲盛和夫著、日本経済新聞出版社）
47	プレゼンテーション zen（ガー・レイノルズ著、熊谷小百合訳、ピアソン桐原）
48	最新 小さな会社の総務・経理の仕事がわかる本（原尚美・吉田秀子著、ソーテック社）
49	一勝九敗（柳井正著、新潮社）
50	リーン・スタートアップ（エリック・リース著、井口耕二訳、日経ＢＰ社）

出所：東洋経済オンライン 2015 年 11 月 5 日

この前著では、良い商品やサービスを持っているのに上手く伝えられなくて困っている人をいち早く救いたいという思いから、「A4」1枚アンケートの活用例の1つ、「新規客の集客」というテーマに特化して書きました。

そのイメージが強烈だったせいか、「A4」1枚アンケート＝新しいお客様を集めるアンケート、と思われている方が多いようです。

しかし、実を申し上げると、「A4」1枚アンケートはそれ以外にもさまざまな販促に活用できます。高単価の商品を売ったり、同時購入を増やしたり、リピート客を増やしたり、休眠客を掘り起こしたり……。意外かもしれませんが、従業員の求人にも活用できます。

基本的な考え方さえわかれば、チラシ、ダイレクトメール（DM）、ホームページ以外にも、店頭POP、ブログ、フェイスブック、メールマガジン、看板広告など、あらゆる販促ツールに効果を発揮できるのです。

そこで本書では、「A4」1枚アンケートのさまざまな効果をご紹介するとともに、アンケートを一過性のもので終わらせずに売れ続ける仕組みをつくるための社内勉強会『A

4』1枚アンケート実践勉強会」のやり方までを詳しく説明していきます。

まずは、1つの成功事例をさまざまな形に展開することで驚くほど成果を上げている事例をご覧ください！……といきたいところですが、前著を読まれていない方は、そもそも「A4」1枚アンケートがどんな販促手法で、どういう効果をもたらすのかをご存じないでしょう。そこで第1章では、その説明から始めたいと思います。

すでに前著を読まれた方は、第2章から読み始めても構いませんし、前著よりも詳しく書いてありますから復習のつもりで読んでいただいても構いません。また、1つの成功事例を展開して全社的に売上を伸ばした事例を真っ先に見たいという方は、第3章をまず読んでいただいても結構です。

岡本達彦

もくじ

第1章

売れる販促のやり方は、あなたのお客様だけが知っている！――17

第2章

「A4」1枚アンケートで驚きの成果を出した事例

第3章

1つの成功事例を展開して大きな売上を獲得する

第4章 理想のお客様を集めるアンケートの活用法

第5章

「A4」1枚アンケート実践勉強会のススメ――177

STEP 4
コンセプト・メッセージをもとに広告の文章を作成する――228

STEP 5
チラシやホームページの広告ラフ案を作成する――237

第1章

売れる販促のやり方は、あなたのお客様だけが知っている！

「A4」1枚アンケートで利益を増やせる理由

お客様の目線で広告をつくっていますか？

「はじめに」でもお伝えしたように、前著が販促書籍のベストセラーになったおかげで、売れなくて困っている方々からのコンサルティングの依頼が急増しています。

ご依頼くださった方に私がいつもお伝えしているのは、**売れないのは商品やサービスが悪いからではなく、プロの目線で販促を考えたり広告をつくったりしているから**ということ。長年商売を続けることで考え方が「プロ化」してしまい、商品やサービスの良さが伝えられなくなっているだけなのです。

次ページの図2からおわかりのように、かつてはお客様と同じ目線で考えていたはずなのに、商品知識をたくわえたり経験を重ねたりするうちに、商品の強みやお客様の気持ち

図2

なぜ、あなたの商品は売れないのか？

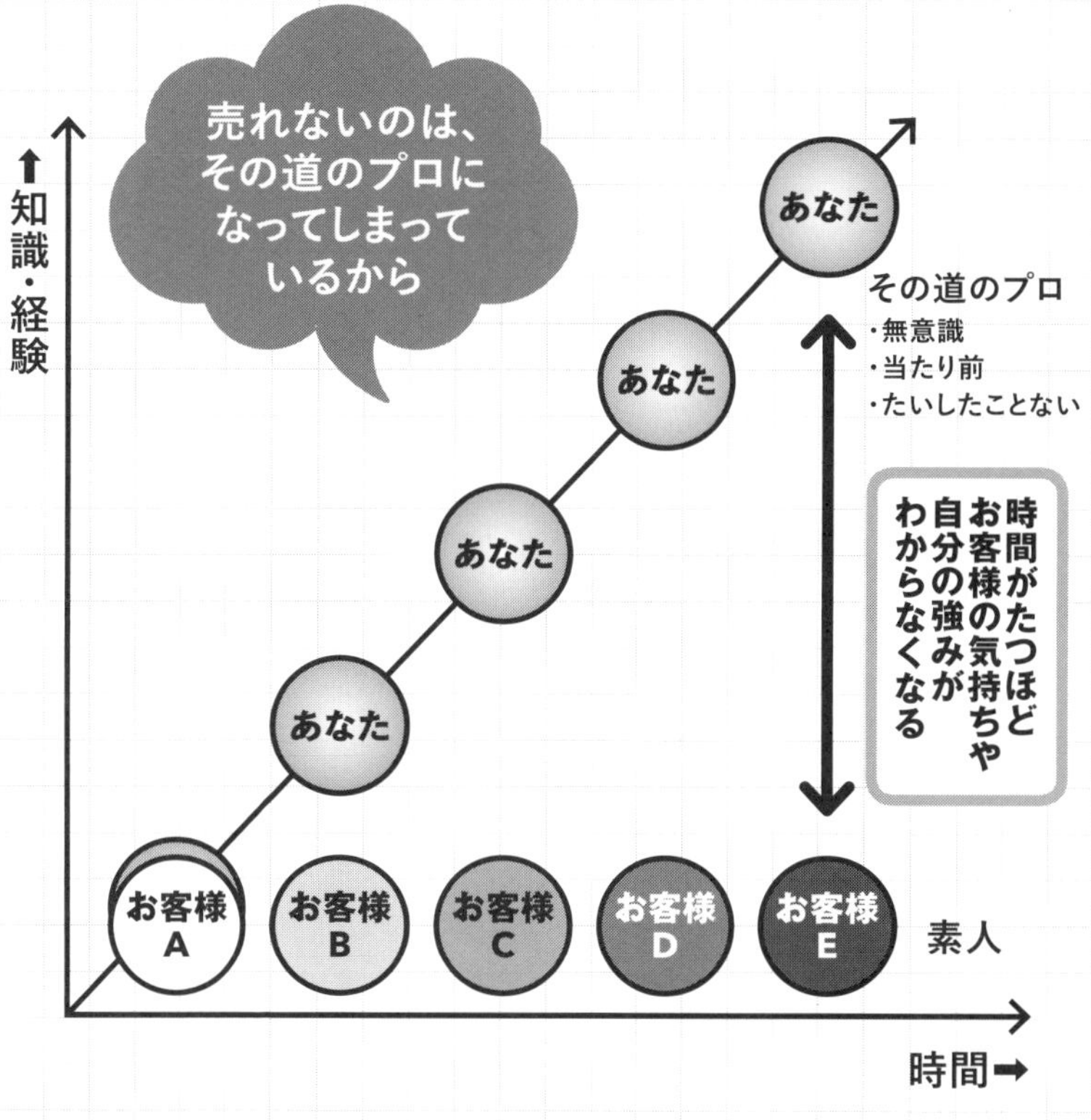

がわからなくなってしまうのです。

ですから、お客様目線を取り戻し、お客様が知りたい情報をきちんと伝えれば、商品やサービスの良さが伝わって売れるようになるのです。

こういうと、「そんなことはない。私は自社商品やお客様のことを誰よりもよくわかっている」と思われるかもしれません。

それでは、あなたが本当にお客様目線で物事を考えられているかどうか、次の質問に答えてみてください。

・お客様はどんなことで悩みや欲求を持って、あなたの商品（サービス）を買おうと思いましたか？

（　　　　　　　　　　）

・成約率の高い媒体（ルート）は何ですか？

（　　　　　　　　　　）

・お客様は購入前にどんな不安を持っていますか？

・お客様は類似商品（サービス）と比べてどこが良くて買ってくれているのですか？
（　　　　　　　　　　　　　　　　　　　　　　　　　）
・お客様はあなたの商品（サービス）を使うことでどんな良いことがあるのですか？
（　　　　　　　　　　　　　　　　　　　　　　　　　）


いかがですか？

すべての質問に迷わず答えられた方は、お客様目線で物事を考えられていると思います。本書を読む必要はありませんので、そのまま商売を進めてください。

逆に、答えられなかった方は、間違いなくプロ目線になっています。このまま商売を進めていくと大変なことになるかもしれません。

しかし、ご安心ください。そんなプロ目線になっている方のお助けツールがあります。

それが「『A4』1枚アンケート」なのです。

利益を増やすための絶対法則とは？

「A４」１枚アンケートを実施すると、お客様目線で物事を考えられるようになり、何度も購入してくれるファンが集まるようになります。すなわち、**利益を増やしやすくなる**のです。

あなたは「80対20の法則」をご存じでしょうか？

これはイタリアの経済学者ヴィルフレド・パレートが発見した法則で、「結果の80％は原因の20％から生じる」という統計モデルのことです。

この法則の中に「利益の80％は20％のお客様がもたらす」というものがあります。簡単にいえば、すべてのお客様が均等に利益をもたらしているわけではなく、**一部のお客様が利益の大半をもたらしている**ということです。

このことを居酒屋の例で考えてみましょう。

ある居酒屋ではチラシを作成し、そこに20％ＯＦＦクーポンを入れてポスティングを行なっています。

図3

「A4」1枚アンケートが利益を増やしやすい理由

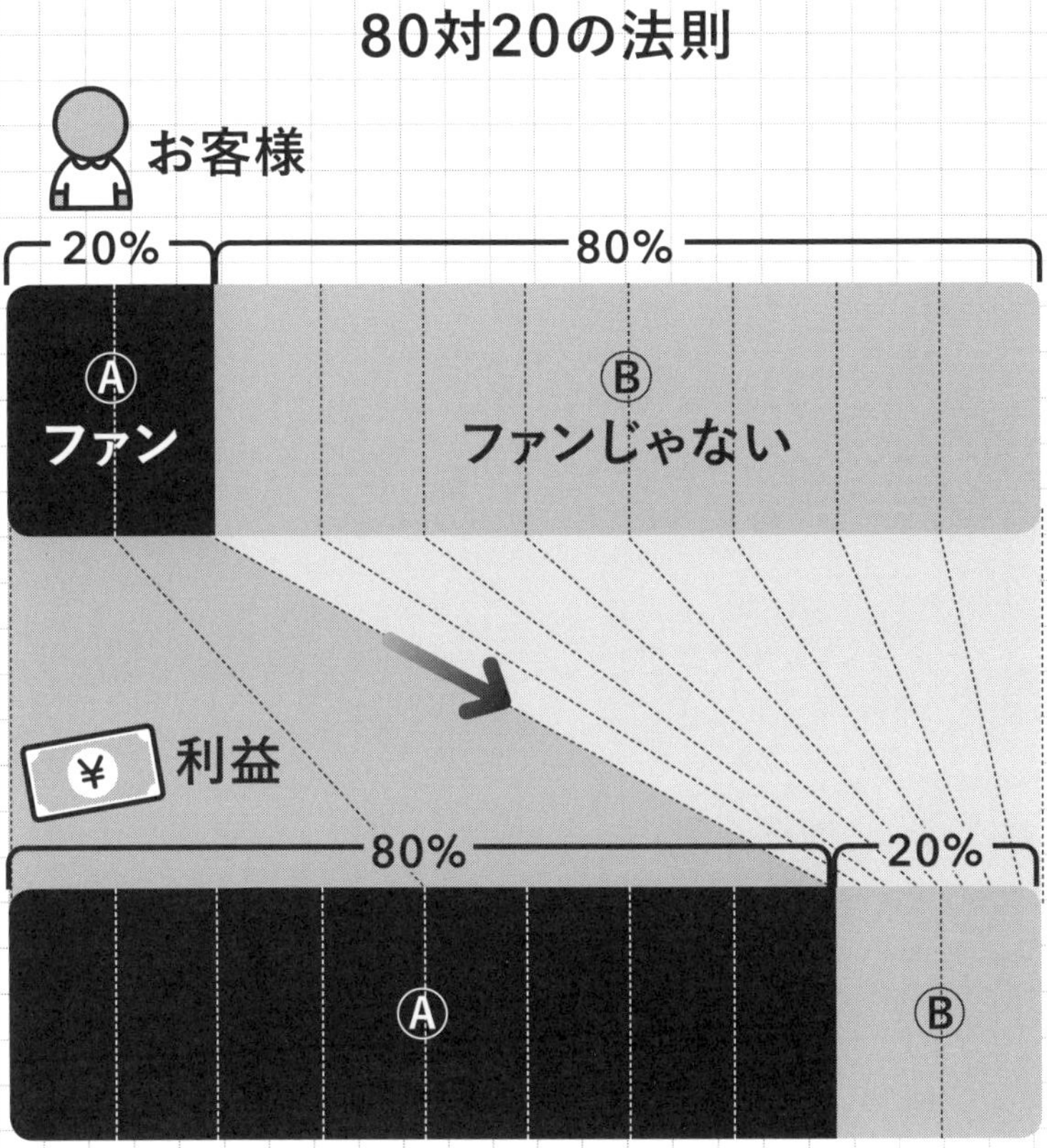

ワンポイント

アンケートに喜んで答えてくれる人（ファン）の回答をもとに広告をつくると、同じように利益をたくさんもたらしてくれる人（ファン）を集めることができる。

図３Ⓑのお客様はこの20％ＯＦＦクーポンにつられてお店に来てくれます。お店からすると、値引きをしていますしチラシやポスティング代もかかっているので、売上は上がりますが利益はほとんど出ません。

逆にⒶのお客様は、その居酒屋の料理が好き、雰囲気が好き、大将との会話が好きといった理由で、20％ＯＦＦクーポンがなくてもお店に来てくれます。お店からすると、値引きもしていないしチラシやポスティング代もかかっていないので、しっかり利益が出ることになります。

多くのお店は、値引きをしなければお客様は来てくれないと思っています。そのため、どんどんクーポンを発行してお客様を増やしますが、それらのお客様はほとんど利益をもたらしてくれないので、お店の経営はやがて立ち行かなくなります。

つまり、この居酒屋が利益を増やしたければ、Ⓑのお客様ではなくⒶのお客様をどう集めればいいかということになります。そこで大事になってくるのが「Ａ４」１枚アンケートなのです。

「お店のことは自分たちではわからないので、お手数をおかけ致しますがアンケートをお願いできませんか？」とお願いしてみると、Ⓑのお客様にはだいたい断られます。なぜなら、安くなっていたから来たのであって、お店のファンではないからです。でも大丈夫です。こういう人たちのアンケートは必要ありません。

逆にⒶのお客様は、その居酒屋のファンです。アンケートをお願いすると喜んで答えてくれます。なぜなら、お店のことが大好きだから来てくれているお客様だからです。

その喜んで答えてくれるお客様の声をもとに広告をつくると、どうなるでしょうか？

本当に来てほしい人に伝える広告づくり

広告というのは書いてあるとおりの人が来ます。広告に「どこよりも安く！」と書けば、安さを求めるお客様が集まってきます。逆に「価格よりも品質を重視！」と書けば、安さよりも品質の良いものを買いたいというお客様が集まってきます。

ということは、アンケートに喜んで答えてくれるⒶのお客様の声をもとに広告をつくると、どうなるでしょうか？　そうですね。同じように**利益をたくさんもたらしてくれる、ファンになりそうなお客様が集まってくる**のです。

23ページの図3をご覧いただければおわかりのように、Ⓑのお客様が10％増えてもお店の利益はたかが知れています。しかし、Ⓐのお客様が10％増えたら、利益はどれだけ増えるでしょうか。「80対20の法則」にもとづけば、40％も利益が増えることになります。

これが、「Ａ４」１枚アンケートが普通の広告とはまったく違うところです。

通常の広告は、とにかくお客様を集めるということはできます。しかし、それではⒶのお客様だけでなくⒷのお客様も来ることになります。

お客様にアルファベットが書かれていればⒶのお客様だけにしっかり対応できますが、そうもいきません。Ⓐのお客様がたくさん来ているのに、Ⓑのお客様に対応していたばかりにⒶのお客様を逃してしまったらかなりの損失です。

この広告のつくり方がすべてとはいいませんが、事前に「Ａ４」１枚アンケートを取ってどういうお客様に来てほしいかを明確にしてから広告をつくると、効率よく業績を上げることができます。**どんな広告作成手法で広告をつくるにしても、まずは「Ａ４」１枚アンケートを取るといいと思います。**

「A4」1枚アンケートは普通のアンケートとここが違う！

「A4」1枚アンケートの必要性をご理解いただいたところで、アンケートの内容について見ていきたいと思います。

まずは次ページの図4「『A4』1枚アンケートの見本（会社バージョン）※」をご覧ください。パッと見た感じ、普通のアンケートと違うということがおわかりいただけると思います。なぜこのような形になっているのか。その違いと目的について説明しましょう。

工夫① タイトルで「記入してくれる人」を増やす

まず1つめはタイトル部分です。「アンケート」という言葉を使わず、「あなたの声をお

※「A4」1枚アンケートは何を知りたいかによって質問を変えます。

図4

「A4」1枚アンケートの見本（会社バージョン）

①アンケートという言葉を使わない

②「自社の強み」を聞く

あなたの声をお聞かせください

弊社ではより一層、皆様のご期待に応えていきたいと考えております。あなた様のご意見をお聞かせいただき、今後の活動に反映したいと考えております。良かったこと、嬉しかったこと、どのような些細なことでも結構です。率直なご意見・ご感想をお聞かせください。

③・質問を5つに絞る
・お客様の購入プロセスに沿った順番で聞く

④・質問は記述式にする
・下線を入れて記入欄を増やす

Q1：当社と契約される前は、どんなことでお悩みでしたか？

Q2：どうやって当社を知りましたか？

Q3：当社を知ってすぐに来社されましたか？
されなかった方は、どのような不安がありましたか？

Q4：他にも似たような会社があったにもかかわらず、
何（どの部分）が決め手となって当社と契約されたのですか？

Q5：実際に工事を行なってみていかがですか？
率直なご感想をお聞かせください。

⑤チェック欄を2つに絞る

※上記のお声についてお願いがあります。インターネットや印刷物などに掲載させていただいてよろしいでしょうか？下記の中から○印をお付けください。

【　】名前を出してもいい　【　】イニシャルなら出してもいい

■お名前　■貴社名

■メールアドレス

ご協力を本当にありがとうございました。
株式会社○○○○○　代表○○○○

⑥アンケートは「A4」1枚にまとめる

聞かせください」としています。これは、アンケートという言葉に拒否反応を示す人が多いことから、このようにしています。

アンケートをつくろうとすると、深く考えずに「○○アンケートのお願い」といったタイトルを付けてしまう人が多いのですが、タイトルはお客様が一番最初に目にするところなので、**ここで心理的な負担を下げることによって記入してくれる人を増やす**ことができるのです。

工夫② お願い文で「自社の強み」を聞く

2つめは、その下のお願い文です。文中に「良かったこと、嬉しかったこと、どのような些細なことでも結構です」と書いてあります。

通常、こういう文を書く場合は「良かったこと、悪かったこと、どのようなことでも結構です」と改善点も聞こうとしてしまいますが、私たちがまず知りたいのは改善点ではありません。なぜ契約してくださったのか？　契約に至った良かった点、つまり**自社の強みを知りたい**のです。

改善点を聞くのはＮＧではありませんが、**強みを伸ばす前に改善点ばかり直していると、強みもたいしたことない、弱みもたいしたことない、何もかもがたいしたことのない個性のない商品・サービス・会社・お店になってしまいます。**

インターネットなどで商品やサービスが比較検討できる今の時代、何もかも中途半端が一番良くないのです。

まずは強みを知り、それを徹底的に伸ばしていきます。強みが伸びてくれば高くても購入したいという人が増え、利益も増えてきます。利益が増えれば経営に余裕が出てくるので、その段階で改善点を直していくことで、強みがあり、改善点のない最高の商品・サービス・会社・お店になっていくのです。

工夫③ 質問の数を「5つ」に絞り込む

3つめは質問の数です。質問はQ1～Q5までの全部で5つです。なぜ5つかといえば、私がいろいろと検証した結果、5つを超えるとお客様は面倒に思って記入してくれなくなるからです。

本来であれば、聞きたいことはたくさんあります。

・当社を利用される前は、どんなことでお困りでしたか？
・そのお困りごとをなぜこのタイミング（時期）で解決しようと思われたのですか？
・当社をどうやって知りましたか？
・当社をいつ知りましたか？
・当社を知ってすぐに来社されましたか？ されなかった方は、どのような不安がありましたか？
・その不安は来社までに解消されましたか？ された方はどうやって解消されたのですか？
・来社されてからすぐに契約されましたか？ されなかった方は、どのような不安がありましたか？
・契約までにその不安は解消されましたか？ された方はどうやって解消されたのですか？
・何が決め手となって契約を決意されましたか？
・実際に契約されてみていかがですか？ 契約直後の率直なご感想をお聞かせください。
・契約されて3年経ちましたが、いかがでしょうか？ 率直なご感想をお聞かせください。

などなど、ここには書ききれないぐらいたくさん聞きたいことがあります。お客様に面と向かってヒアリングできるのなら詳しく聞けますが、アンケート用紙に書いてもらうとなると5つが限界なので、最低限聞きたいこの5つの質問にあえて絞っているのです。

もちろん質問の順番にも理由があります。

お客様の購入プロセスに沿った順番になっていることがおわかりいただけると思います。これにより、記入するお客様も購入（契約）したときの気持ちを思い出しやすくなり、リアルな回答を書いてくれます。

なお、質問文に関しては、商売に合わせて内容を変えてください。

先ほどの図4のアンケートでは、Q1の質問は「どんなことでお悩みでしたか？」になっていますが、不便を解消する商品であれば「商品を購入される前は、どんなことでお困りでしたか？」となりますし、欲求を叶える商品であれば「商品を購入される前は、どうなりたいと思われていましたか？」となります。

うちの商品は悩み系かな？欲求系かな？と判断がつかない場合は「商品を購入される前

は、どんなことをお考えでしたか？」にしておくといいと思います。

また、商品について聞くのか、会社について聞くのかによっても質問内容を変えてください。どうしても両方聞きたい場合は、次のように聞くといいでしょう。

Q2：どうやって知りましたか？（商品：　　　会社：　　　）

工夫④ 記述式で「リアルな感情や言葉」を入手する

4つめは「記述式」だということです。

通常のアンケートでは、お客様の手間を減らすために「とても良い・良い・ふつう・悪い・とても悪い」といったような「チェック式」を採用することが多いです。しかし、**チェック式だとお客様のリアルな感情や言葉が見えにくい**という欠点があります。

実際に商品やサービスを購入したお客様のリアルな感情や言葉が見えてこなければ、いくらアンケートを取ってもその後の販促展開に反映できません。したがって、あえて記述式にすることが重要なのです。

また、それぞれの質問の下に下線が入っていることもポイントです。面倒くさがり屋の人でアンケートに下線を入れない方がいらっしゃいますが、**下線がないと答えが1行だけで終わってしまい、リアルな感情や言葉が出てこないことがほとんどです。**

ですから、最低2〜3本は下線を入れるようにしてください。

工夫⑤ 掲載確認は「2択」にする

5つめは、質問のあとの「掲載確認」です。

ここには「名前を出してもいい」「イニシャルなら出してもいい」の2つしかチェック欄を設けていません。通常のアンケートには「掲載不可」といった項目がありますが、このアンケートの目的はここに書かれている言葉を広告などに掲載して、同じように喜んで購入（契約）してくれるお客様を集めることです。そのため、**「掲載不可」は載せずにあえて2つにしているところがポイント**です。

お客様が気分を害されると思われるかもしれませんが、ご安心ください。

このアンケートに協力してくれるお客様はあなたのファンの方が多いと思いますので、どちらかに○を付けてくれます。逆に、両方に×を付ける人はあなたのことをあまりよく思っていない可能性が高いので、そういう方のアンケートは採用しないほうがよいでしょう。

工夫⑥ アンケートは「A4」1枚にまとめる

６つめのポイントはアンケート用紙のサイズです。これもいろいろ試してみましたが、やはり一番いいのは「A４」サイズ１枚です。「A３」サイズにすると量が多くて面倒だと思う人が出てきますし、ハガキだと記入スペースが小さすぎて詳しく書いてくれなくなってしまいます。

いかがでしたか？『A４』１枚アンケート」がなぜこの形と内容になっているのか、ご理解いただけたのではないでしょうか。「A４」１枚になっているのにも、このような理由があるのです。

たかがアンケートと思って内容や用紙サイズを勝手にアレンジしてつくる方が多いのですが、最初のうちはアレンジせず、ここに書かれているとおりにやって効果を実感してください。

「A4」1枚アンケートを誰にどのタイミングで実施するか？

次は『「A4」1枚アンケート』の実施方法について説明しましょう。誰にアンケートを書いていただくのか、どのタイミングで実施するのかは、その後の販促を成功させるための大事なポイントになります。

誰にアンケートを書いていただくか

このアンケートは、お客様なら誰に取ってもよいというものではありません。大事なのは**「購入を決めた決定権者」に記入してもらう**ところにあります。

購入を決めた人というのは、自分の貴重なお金を使うだけの価値を見つけたからこそ購入してくれたのです。そこに、商品やサービスの本当の強みが隠れているのです。

ですから、お客様ご本人が購入を決めたのならご本人に取ればいいのですが、たとえば旦那様の商品を奥様が決めたときのように、ご家族の方が購入を決めたのならご家族の方に取らなければ意味がありません。会社の場合であれば、担当者ではなく社長や部長などの決裁権のある人に取らなければ意味がありません。

また、「A4」1枚アンケートは、購入前のお客様にお願いしても意味がありません。

たとえば、建設会社の方から「住宅の完成現場の見学会で『A4』1枚アンケートを実施したのですが、参考になる答えが返ってきませんでした。なぜでしょうか？」というご質問をいただくことがあります。

この場合、上手くいかないのは当たり前です。なぜなら、住宅の完成現場の見学会に訪れるのは、まだ購入（契約）していないお客様だからです。

お客様も購入（契約）する前に本音を答えると営業をかけられるとわかっていますので、本当のことは書いてくれないのです。

どのタイミングで実施するか

「A4」1枚アンケートは、**商品を購入してもらった直後や、契約してもらった直後に取**

るようにしてください。そのほうが、お客様のリアルな感情や言葉が表れるからです。

ただし、Q5の「購入後（契約後）の感想」については、購入後すぐには答えにくい場合もあると思います。そんなときはQ1～Q4は購入直後に実施し、Q5だけは1～3カ月後くらいに書いてもらってアンケートを完成させるのがよいでしょう。また、Q5を別の用紙にして、2枚に分けて書いてもらってもいいです。

実際にやっていくと、書くのが面倒という方や、書くのが苦手という方が出てきます。そういうときは口頭で答えを聞いて、お客様が話した内容をそのまま記録しておくといいでしょう。

アンケート用紙に書いてもらうほうが、その後の証拠として使えたり、お客様が記入することで良い感情が残ったりするというメリットがあります。しかし、**アンケートを取る一番の目的はアンケート用紙を集めることではなく、お客様目線を取り戻すことです。**どうしても取りづらければ口頭で聞いても構いません。

また、「アンケートのお礼として、何かプレゼントを用意したほうがよいでしょうか？」

と聞かれることがよくあります。

人間関係が薄いようならプレゼントを付けても構いませんが、通常はとくにプレゼントを付けなくてもお客様は書いてくれます。

プレゼントを付けてしまうと、プレゼント欲しさに適当な答えを書くようなケースが出てきますので気をつけてください。

プレゼントを付けないとアンケートを取りづらいという場合は、次回使えるクーポン券がよいでしょう。なぜなら、ファンの方はまた来たいと思っているからです。逆にファンじゃない人は、もう来たくないと思っているのでクーポン券には惹かれないと思います。

このようにファンだけが喜ぶプレゼントなら付ける価値があるでしょう。プレゼントのことは何も謳《うた》わず、記入してもらったあとにそっと渡すのがもっとも効果的です。

アンケートの回答を販促に活かす方法

次は「『A4』1枚アンケート」の5つの質問の答えを、どのように販促や広告に反映していけばいいのかをご説明したいと思います。

Q1の回答から

「理想のお客様」がわかる

Q1：当社と契約される前は、どんなことでお悩みでしたか？

この答えからわかることとは、理想のお客様です。

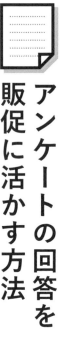

アンケートはすでに購入（契約）してくださったお客様にお願いするものなので、そのお客様が書いた答えと同じ悩み・欲求を持つ方が共感を覚えてくだされば、購入してくれる可能性が高くなるわけです。

たとえば、お風呂をリフォームしたお客様にアンケートを実施したところ、Q1の回答に「お風呂で滑ることが多く、いつか大ケガをするのではないかと思っていた」と書く人が多かったとします。この場合は、「お風呂で滑ることが多く、いつか大ケガをするのではないかと思っている方へ」と広告で打ち出せば、同じような悩みを持っている方が広告に目をとめてくれる可能性が高くなるわけです。

Q2の回答から

「お金をかけるべき媒体」がわかる

Q2：どうやって当社を知りましたか？

この答えからわかることは、お金をかけるべき媒体です。アンケートを集計してみて同じ媒体名がたくさん書かれていれば、その媒体は訴求力・成約率の高い媒体ということがいえます。

「チラシ」と書く人が多ければ「チラシ」にお金をかけたほうがよいことになり、「ホームページ」と書く人が多ければ「ホームページ」にお金をかけたほうがよいことになります。もし「会社の前を通って知った」という人が多ければ、チラシなどはいったん止めて、その浮いた費用でのぼりや看板を出してみるのも手です。

どれほど優れた内容の広告をつくっても、お客様がその媒体を見ていなければ効果はゼ

ロです。この質問の答えから、どの媒体にお金をかけるかを判断するとよいでしょう。

Q3の回答から 「不安対策」がわかる

Q3：当社を知ってすぐに来社（契約）されましたか？されなかった方は、どのような不安がありましたか？

この答えからわかることは、お客様の不安対策です。

お客様は、何の不安もなく来社（契約）されたわけではありません。さまざまな不安があったにもかかわらず、その不安を何とかクリアして来社（契約）されたのです。このお客様の後ろには、来社（契約）したいと思っているのに何らかの不安があって来社（契約）できない方々がたくさんいるということを認識してほしいのです。

したがって、来社（契約）された方の不安を聞き、その不安を取り除いてあげることができれば、来社（契約）される方を増やすことができます。

たとえば、Q3の答えに「無理な営業をされるのではないか不安だった」と書いてあれば、実際に無理な営業をしていないなら「当社は無理な営業は一切致しません」と広告や看板などに書いておけば、「それなら」と来社される方が増えます。

Q4の回答から「自社の強み」がわかる

Q4：他にも似たような会社があったにもかかわらず、何（どの部分）が決め手となって当社と契約されたのですか？

この答えからわかることは、会社の強みです。

お客様は通常、契約される前にいくつもの会社と比較検討し、あなたの会社のどこかが他の会社よりも優れていたから契約を決意したわけです。この「どこか」がライバル会社よりも優れている部分、つまり「強み」です。この質問によって自社の強みが明らかになるので、そこを打ち出せば価格競争に陥らず、差別化を図ることができます。

たとえば、Q４の答えに「地元での施工実績が一番多いと書いてあったので安心だと思った」と書いてあれば、「施工数〇〇〇〇件！　△△市施工実績No.１！　だから安心です！」と打ち出すことで、自社の強みを伝えることができます。

Q5の回答から「利用後の良さ」がわかる

Q5：実際に工事を行なって（契約されて）みていかがですか？率直なご感想をお聞かせください。

この答えからわかることは、利用後の良さです。

利用してみて「あそこが良かった、ここが良かった」というのは実際に契約された（工事を行なった）方にしかわかりません。しかし、契約するかどうか迷っている方にそれを伝えることで、迷っている方が契約しやすくなります。

たとえば「滑りにくい床、転倒防止の手すりなど、安全性に配慮した提案をしてくれて本当に助かりました。毎日安心してお風呂に入っています」という感想があったとき、次のように打ち出せばどうでしょうか？

当社に工事をご依頼された方の喜びの声

「滑りにくい床、転倒防止の手すりなど、安全性に配慮した提案をしてくれて本当に助かりました。毎日安心してお風呂に入っています。（TS様、84歳、△△市）」

工事を行なっていない方にも、会社の良さをアピールすることができます。

アンケートの答えから広告メッセージをつくる

打ち出すメッセージを見つける

以上のように、アンケートの答えからさまざまな販促のヒントが見つかります。そして、これらの答えをまとめると、広告で打ち出すメッセージが出来上がります。

「A4」1枚アンケートからわかることを整理すると、次のようになります。

（①悩みごと／Q1の回答）を持っている人に　⬇**理想のお客様**
（②知った方法／Q2の回答）で　⬇**お金をかけるべき媒体**
（③すぐに来社しなかった理由／Q3の回答）の対策を立ててあげると　⬇**不安対策**
（④決め手／Q4の回答）が決め手となって契約してくれて　⬇**自社の強み**
（⑤感想／Q5の回答）と喜んでくれる　⬇**利用後の良さ**

これを広告で伝えるメッセージに近づけると、次のようになります。

(②知った方法/Q2の回答)で
「(①悩みごと/Q1の回答)と悩んでいませんか?」
あなたと同じように(①悩みごと/Q1の回答)を持っていた人が、
当社と契約されて、今では(⑤感想/Q5の回答)と思っています。
当社は(④決め手/Q4の回答)がおすすめです。
とはいっても、(③すぐに来社しなかった理由/Q3の回答)が不安ですよね。
そこで、○○をご用意致しました。
まずはお問い合わせください。

ここでアンケートの回答例を見てみましょう。

Q1:オカモトリフォームと契約される前は、どんなことでお悩みでしたか?
A1:お風呂で滑ることが多く、いつか大ケガをするのではないかと思っていた。

Q2：どうやってオカモトリフォームを知りましたか？
A2：ポストに入っていたチラシ。
Q3：オカモトリフォームを知ってすぐに来社されましたか？されなかった方は、どのような不安がありましたか？
A3：無理な営業をされるのではないか不安だった。
Q4：他にも似たような会社があったにもかかわらず、何（どの部分）が決め手となってオカモトリフォームと契約されたのですか？
A4：地元での施工実績が一番多いと書いてあったので安心だと思った。
Q5：実際にオカモトリフォームで工事を行なってみていかがですか？率直なご感想をお聞かせください。
A5：滑りにくい床、転倒防止の手すりなど、安全性に配慮した提案をしてくれて本当に助かりました。毎日安心してお風呂に入っています。

この回答例からわかったことは、次のとおりです。

①悩みごと／Q１の回答：お風呂で滑ることが多く、いつか大ケガをするのではないかと思っていた）と悩んでいる人に　**⬇理想のお客様**
②知った方法／Q２の回答：ポスティングチラシ）で　**⬇お金をかけるべき媒体**
③すぐに来社しなかった理由／Q３の回答：無理な営業をされるのではないか不安だった）の対策を立ててあげると　**⬇不安対策**
④決め手／Q４の回答：地元での施工実績が一番多いと書いてあったので安心だと思った）が決め手となって　**⬇自社の強み**
⑤感想／Q５の回答：滑りにくい床、転倒防止の手すりなど、安全性に配慮した提案をしてくれて本当に助かりました。毎日安心してお風呂に入っています）と喜んでくれる　**⬇利用後の良さ**

伝えるメッセージをつくる

そこで、伝えるメッセージは次のようになります。

（ポスティングチラシ）で
「（お風呂で滑ることが多く、いつか大ケガをするのではないか）と悩んでいませんか？」

あなたと同じように（お風呂で滑ることが多く、いつか大ケガをするのではないかと思っていた）人が、オカモトリフォームでリフォームして、今では（滑りにくい床、転倒防止の手すりなど、安全性に配慮した提案をしてくれて本当に助かりました。毎日安心してお風呂に入っています）と思っています。

当社は（地元での施工実績が一番多いので安心というところ）がおすすめです。

とはいっても、（無理な営業をされるのではないか）が不安ですよね。

そこで「当社は無理な営業は一切致しません」と書いておきます。

まずはお問い合わせください。

広告文を完成させる

さらに文章を整理すると、次のようになります。

お風呂で滑ることが多く、いつか大ケガをするのではないかと思っている方へ
オカモトリフォームでお風呂のリフォームをして、安心してお風呂に入りませんか？

オカモトリフォームでリフォームされた方の喜びの声
「滑りにくい床、転倒防止の手すりなど、安全性に配慮した提案をしてくれて本当に助かりました。毎日安心してお風呂に入っています」（ＴＳ様、84歳、△△市）

当社は施工数〇〇〇〇件！　△△市施工実績№１！　だから安心です！

おすすめお風呂リフォーム
□□製　１坪タイプ
75万円（工事費別途）

よくある質問
Ｑ：無理な営業をされるのではないかと不安なのですが…

Ａ：当社は無理な営業は一切致しません。見積りだけでもＯＫです！
まずはお気軽にお電話を！
フリーダイヤル：０１２０－〇〇〇－〇〇〇

いかがでしたか？　このように「『Ａ４』１枚アンケート」を実施すると**販促のヒントが見つかるだけでなく、答えを組み合わせることで広告まで簡単につくれてしまう**ということがわかってもらえたと思います。

アンケートの答えから売れる広告をつくるという手法が今までなかったので、前著『「Ａ４」１枚アンケートで利益を５倍にする方法』がこれほどまでに売れているのです。

「『Ａ４』１枚アンケート」のことをわかってもらったところで、第２章では驚くべき成果を出している事例をご覧いただきましょう。

第2章

「A4」1枚アンケートで驚きの成果を出した事例

新規事業

なぜ建設会社の「椎茸《しいたけ》」がここまでヒットしたのか？

顧客ゼロからスタートした椎茸ビジネス

静岡県富士市に株式会社今村建材さんという、とてもユニークな建設会社があります。同社が新規事業としてスタートしたのが「椎茸ビジネス」です。社長の今村さんがこのビジネスを始めようと決断したのは、「食」の分野に魅力と勝算を感じたからだそうです。

ことの発端は、たまたま知人からの紹介で椎茸栽培の見学に岐阜へ行ったとき、椎茸のビジネスに魅了され、その場で行なうと宣言してしまったことにありました。

あまりにも突飛な社長の提案に当初は猛反発したのが奥さんと娘さん。しかし、行動力のある社長にしだいに巻き込まれ、手探りで事業をスタートさせることになりました。

当然のことながら、椎茸栽培にもまったくの素人だった今村さんファミリーでしたが、家族総出で椎茸づくりに従事しました。

その懸命な努力が実り、美味しい椎茸の栽培に成功。出来上がった椎茸を味わってもらおうと知人に配ったところ、「肉厚で、香りも良く、美味しい」という感想をいただき、お金を出して買いたいという人が現れたそうです。

それもそのはず、今村さんたちが栽培した椎茸は農薬を一切使用せず、富士山の伏流水だけで栽培しています。風味豊かでとっても肉厚なのです。もちろん、芯も美味しいので料理の幅も広がり、鮮度も抜群なため日持ちすると、地元で大評判の椎茸になりました。

一生懸命つくった椎茸をより多くの方に食べていただこうと考えた今村さんファミリー。しかし、その美味しさをどのように伝えて、どのようにお客様に購入してもらえばいいのか、こちらも手探りの状態でした。

なんとかブログは立ち上げたものの、ブログに書く内容もいまいち定まらず、完全に迷走していました。それが次ページのビフォーです。

何をどうしていいのかわからず、「今村建材って何屋さん?」というタイトルがすべてを物語っています。

図5

生まれ変わった今村建材さんのブログ

Before

Change!

今村建材って何屋さん？
今村建材という社名ですが、土木関係、解体、埋め立て、重機の運搬や、はたまた、きのこの栽培・販売も行っております!!
Ads by Google
▶富士市
▶足汗
▶野菜
▶犬通販
プロフィール
今村建材とは?
今村さんちのしいたけ♪
☆クイックレシピ☆
お世話になりました
今村建材 つぐりん
twitter
株式会社今村建材
TEL
地図はこちら
昨年4月より始めた、このブログ『今村建材って何屋さん？』は
諸事情ありまして、今日で終了させていただくことになりました。
今までここを訪ねてくださったみなさんには、
いつも温かいコメントや励ましをいただいて、心から感謝しています。
8ヶ月という短い期間でしたが、お世話になり
本当にありがとうございました

「今村建材って何屋さん？」というタイトルで始めたブログ。何のビジネスなのかさえ伝わってこなかった。

「Ａ４」１枚アンケート広告作成アドバイザーの神南臣之輔さんと一緒につくったブログ。ヘッダー部分に「今村さんちの香りしいたけ」と掲載し、デザインも一新した。

ブログを立ち上げたもののほとんど反響がなかったので、「A4」1枚アンケート広告作成アドバイザーの神南臣之輔さんに相談。椎茸を購入してくださったお客様に「A4」1枚アンケートをお願いして、ブログの内容等を見直すことにしました。

お客様の声をご自身の写真とともに掲載

椎茸が香り豊かで美味しいという声はいただいていたのですが、ブログ等には反映していなかったのです。

まずは上部に「香りしいたけ」と掲載、しかしそれだけでは信憑性に欠けます。そこで、「A4」1枚アンケートの「Q5：実際に食べてみていかがですか？」の答えをお客様にボードに書いてもらい、お客様とボードを一緒に写した写真を掲載しようということになりました。


「今村さんちの香りしいたけ　香り・味　サイコー!!　どんな料理にもGood♪」

「今村さんちの香りしいたけ　肉厚でおいしい　バター焼最高!!」

「今村さんちの香りしいたけ　和・洋・中どんな料理にも相性バッチリです♡」

「今村さんちの香りしいたけ　美味しすぎて箸が止まらない！　あっという間にお皿か

図6

お客様の声をお客様自身に語ってもらう

Q５の答え（感想）をボードに書いてもらい、お客様と一緒に撮影。最近ではリピーターはもちろん、フェイスブックやブログを読んだ人たちが直売所を訪れるようになった。

らっぽ♪」

このような声をお客様ご自身の写真とともにブログやフェイスブックに掲載したのです。**さらに、名刺やチラシにも反映していきました。その結果、椎茸の魅力がどんどん広がり、購入してくれる人が増えていったのです。**

そして、こうした活動が実を結び、ついには富士市の富士山観光交流ビューローにも取り上げられ、なんと、はとバスが停車する有名観光地の1つになりました。

それだけではありません。おせち料理をつくる食品会社からも声がかかり、大手百貨店の髙島屋で販売される「東海道新幹線開業50周年『夢の超特急』おせち」の一品として、今村さんちの香りしいたけが選ばれたのです。

「A4」1枚アンケートの結果を反映していったことで、いろいろなメディアに取り上げられて注目が集まり、2013年1月にブログをリニューアルして、わずか1年で売上が2・2倍になりました。

いかがですか？　最初は何屋さんかわからなかったブログが「A4」1枚アンケートの答えを反映した結果、売上が増え、さまざまな有名企業との取引にもつながったのです。

図7

お客様の声を名刺やチラシにも反映

●香りしいたけの名刺

今村さんちの香りしいたけ
店長
鳥居 嗣代
Torii Tsuguyo
(社)だしソムリエ協会 認定講師
ネットショップで購入できるBEST3
No.1
今村さんちの生しいたけ
No.2
今村さんちのBabyしいたけ
No.3
今村さんちの干ししいたけ
直売所もアリマス！
■営業時間 月～金 9:00～17:00
土 9:00～12:00
定休日 日・祝日
今村さんちの香りしいたけ 検索
店長Blog Facebook
世界文化遺産 富士山の水でつくる『富士山しいたけ』
富士山の伏流水のみで、安全安心な広葉樹を中心とした菌床で、育てています。
お客様の声
とにかく美味しい！
鍋で煮込んでも肉厚さが損なわれない。かめばかむほど、しいたけの味と香りがでてくる。
富士市 田島様
肉厚で香りがありおいしい。天ぷらが私は好きです。色々なお料理に使って、みそ汁もしいたけが主役になったようでした。
沼津市 石原様
食べ応えがあり、薄切りでスープに入れても歯ごたえがある。焼くと特に香りが良い。しいたけ好きのお家への手土産にいいかもです。
富士市 杉本様
今村さんちの香りしいたけが選ばれている3つの理由とは？
1. 香りが良い！
しつこさがなく、ふんわり広がる爽やかな香りは、どんな調理法でも香りが立ち、お料理を風味豊かに引き立てます。
2. 味・食感が良い！
かさは肉厚で、ほどよい弾力があり、ジューシー。存在感たっぷりな軸はしこしこして、まるごと食べられます。
3. 日持ちする！
鮮度を保ったまま、日持ちするため(冷蔵庫保存の場合)、まとめ買いが可能です。

●香りしいたけのチラシ

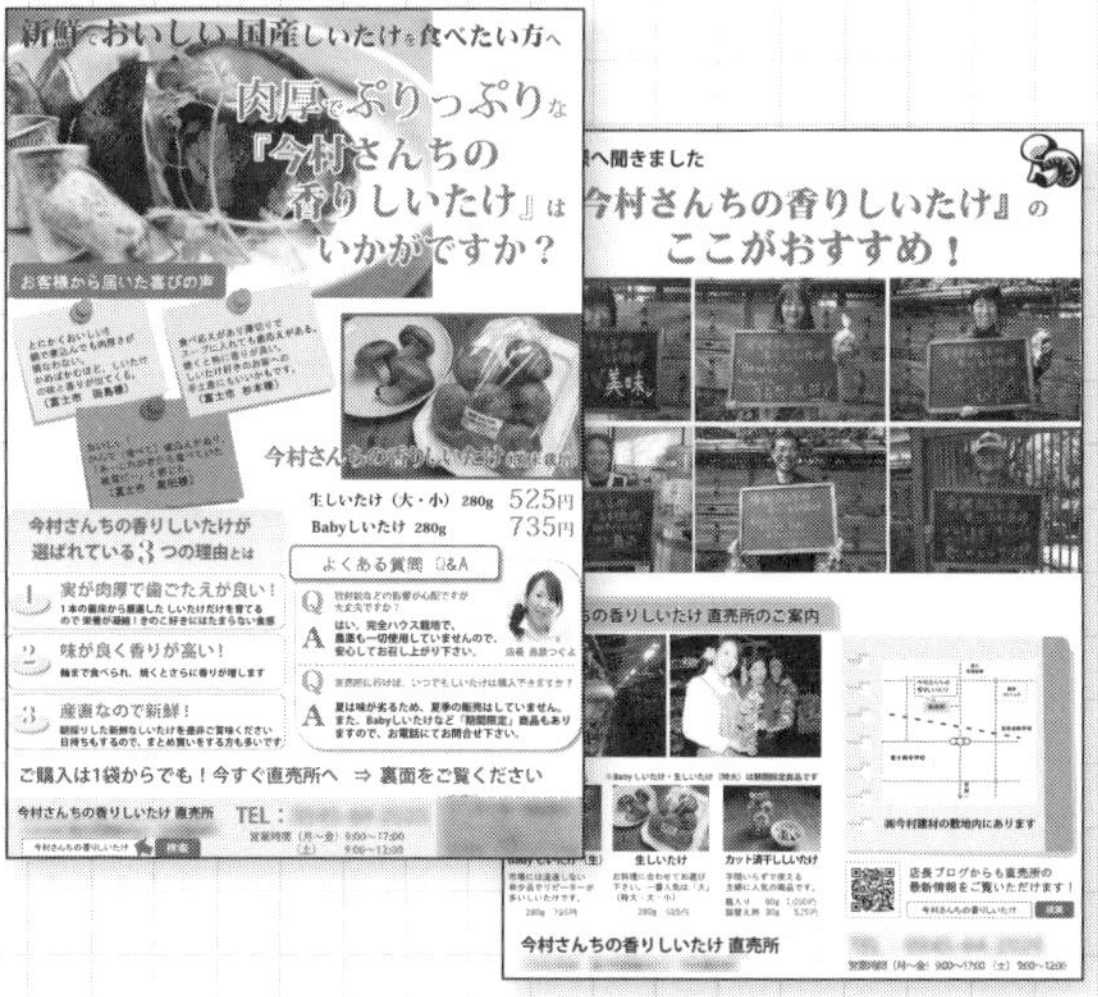
新鮮でおいしい国産しいたけを食べたい方へ
肉厚でぷりっぷりな『今村さんちの香りしいたけ』はいかがですか？
お客様から届いた喜びの声
今村さんちの香りしいたけ
生しいたけ（大・小）280g 525円
Babyしいたけ 280g 735円
今村さんちの香りしいたけが選ばれている3つの理由とは
1 実が肉厚で歯ごたえが良い！
2 味が良く香りが高い！
3 産直なので新鮮！
よくある質問 Q&A
ご購入は1袋からでも！今すぐ直売所へ ⇒ 裏面をご覧ください
今村さんちの香りしいたけ 直売所
TEL：
お客様へ聞きました
『今村さんちの香りしいたけ』のここがおすすめ！
今村さんちの香りしいたけ 直売所のご案内
生しいたけ
カット済干ししいたけ
店長ブログからも直売所の最新情報をご覧いただけます！
今村さんちの香りしいたけ 直売所

ワンポイント

名刺とチラシどちらにも、アンケートの回答をもとに「お客様の声」「選ばれている理由」を掲載。直売所の案内も載せている。

高額商品

チラシにお客様の声を反映して7500万円の売上を達成！

カタログのようなチラシ

長崎県大村市にある山内住建さんは地域密着型の住宅設計・施工会社で、「いつでも困ったときに相談やアフターサービスをしてくれる」と地元でも評判です。

福岡で開催された「『A4』1枚アンケート実践勉強会※」に参加し、その効果を実感。これまで家を建ててくれたお客様に「A4」1枚アンケートを実施し、新築物件の完成見学会のチラシに反映しようと考えました。

まずは、アンケートを導入する前のチラシをご覧ください（図8）。

一見しただけでわかりますが、カタログのようなチラシです。建物の情報しか掲載され

※ワークをとおして「A4」1枚アンケート広告作成法を学ぶ勉強会。

図8

山内住建さんの住宅見学会チラシ（Before）

Before

理想とするお客様のイメージが思い浮かばず、建物の情報を掲載するだけのカタログのようなチラシになっていた。

ておらず、山内住建さんで建てるメリットが伝わってきません。

当時はターゲットとすべきお客様のイメージが思い浮かばず、どんなチラシをつくればいいのか悩んでいたといいます。

お客様の悩みをそのまま掲載

自社で家を建ててくれたお客様に「A4」1枚アンケートを取ったところ、「子どものことを考えて、学校の校区を変えずに新築住宅を建てたい。でも自分で満足できる土地を探せない」という悩みを持っているお客様が多いことがわかりました。

アンケートからわかった契約の決め手は、お客様の要望に合わせた一般には公開されていない土地情報を持っていたということと、「一生に一度の買い物だから、何度もプランの打ち合わせがしたいと思っていたところ、その要望をかなえてくれた」ということ。

そこで、「A4」1枚アンケート広告作成アドバイザーの山田修史さんに相談しながら出来上がったのが、図9のチラシです。

最初につくったチラシとは違い、ターゲットとしているお客様(校区を変えずに新築住

図9

山内住建さんの住宅見学会チラシ（After）

After

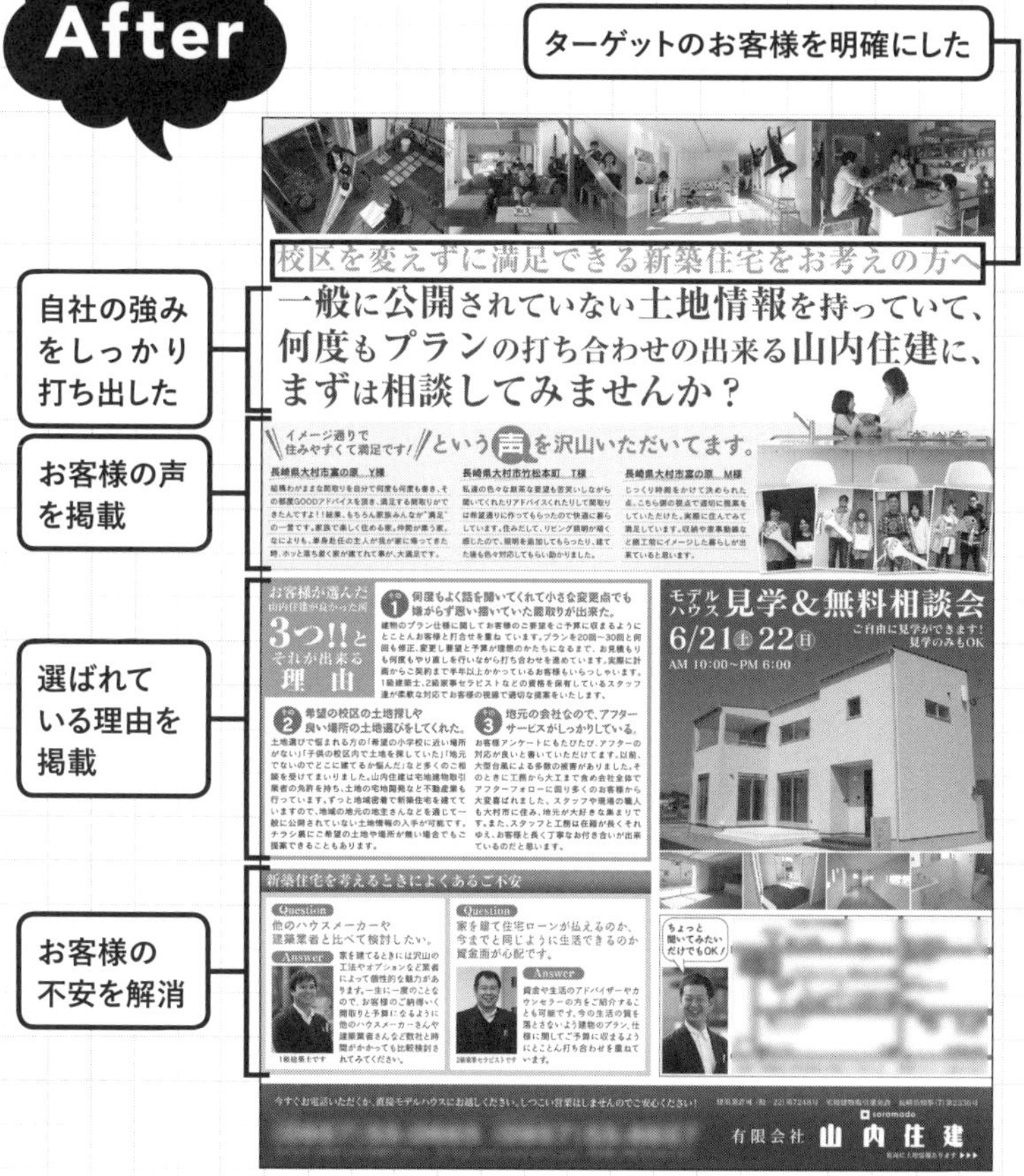
ターゲットのお客様を明確にした
自社の強みをしっかり打ち出した
お客様の声を掲載
選ばれている理由を掲載
お客様の不安を解消
校区を変えずに満足できる新築住宅をお考えの方へ
一般に公開されていない土地情報を持っていて、何度もプランの打ち合わせの出来る山内住建に、まずは相談してみませんか？
イメージ通りで住みやすくて満足です！という声を沢山いただいてます。
お客様が選んだ山内住建が良かった所 3つ!!とそれが出来る理由
何度もよく話を聞いてくれて小さな変更点でも嫌がらず思い描いていた間取りが出来た。
希望の校区の土地探しや良い場所の土地選びをしてくれた。
地元の会社なので、アフターサービスがしっかりしている。
モデルハウス見学&無料相談会
6/21㊏ 22㊐
AM 10:00～PM 6:00
ご自由に見学ができます！見学のみもOK
新築住宅を考えるときによくあるご不安
Question
他のハウスメーカーや建築業者と比べて検討したい。
Answer
Question
家を建てて住宅ローンが払えるのか、今までと同じように生活できるのか資金面が心配です。
Answer
ちょっと聞いてみたいだけでもOK！
有限会社 山内住建

ワンポイント

「Ａ４」１枚アンケート広告作成アドバイザーの山田修史さんと一緒につくったチラシ。新聞折り込みで３万枚撒いたところ、7500万円の売上を達成した。

宅を建てたい方）も明確ですし、お客様の声に書かれていた「何度もプランの打ち合わせができる」という強みも入っています。

このチラシを新聞折り込みで3万枚撒《ま》いたところ、建築条件付き土地2件と建売1棟成約で7500万円の売上を達成しました。

お客様は購入するものが高額であればあるほど、購入を失敗したくないという気持ちになります。そのため、自分が抱えている悩みを本当に解決できるのかどうかを徹底的に調べるものです。

大手企業は知名度がありますから、お客様の不安は自ずと解消され、チラシを撒いただけ反響が取れるのですが、中小企業はお客様の不安が解消されない限り、反響は望めません。こうした問題も「A4」1枚アンケートを活用すれば、お客様の悩みを的確に吸い上げることができますし、そうした悩みを解消できるチラシの文面を作成することができるのです。

B to B

テレアポで断られたお客様にDMを送って40件受注！

「Ａ４」１枚アンケートをDMに応用

大阪を拠点に、オフィスビル、マンション、スポーツジム、病院、老健施設、店舗などの清掃請負業を手掛けるダイキチカバーオールさん。

これまで同社はテレフォンアポインターで見込み客を開拓してきましたが、テレアポで断られたお客様もなんとか開拓したいと、ダイレクトメール（ＤＭ）を試してみることになりました。しかしながら、ＤＭは一度もやったことがなく、どういう文面のＤＭをつくればいいかわかりません。

そこで、「Ａ４」１枚アンケート広告作成アドバイザーに相談しました。

ＤＭは、担当者が時間のあるときに目を通すことができるので、こちらが伝えたいことを的確に伝えられる便利な販促ツールですが、文面をきちんと考えないとゴミ箱に捨てられてしまいます。

アドバイザーは、「本当に反応がある広告をつくるには、すでに取引されているお客様にアンケートを取り、その声を忠実に反映させるのが一番効果があります」と社長に伝えました。

アンケートから効果の出るＤＭがつくれることを知った社長は、さっそく社員を集めて「Ａ４」１枚アンケート実践勉強会を開催。アンケートの重要性を知った社員の方々は、すでに取引のあるお客様に趣旨をていねいに説明してアンケートをお願いしました。

安さよりも悩みを訴求

社員の方々は当初、お客様から選ばれている理由として「価格の安さ」や「技術力」を挙げていたようです。ところが実際には、清掃スタッフが辞めたり休んだりしたときのシフト管理や労務管理にとても苦労をしていて、困って同社に依頼してきたということがわかったのです。

そこで、チラシのターゲットコピー（対象となるお客様に呼びかける文章）には「清掃

図10

ダイキチカバーオールさんのDM

アンケートに書かれていたお客様の悩みを打ち出す
お客様の声を掲載
選ばれている理由を掲載
お客様の不安を解消
清掃スタッフが突然辞めたり、労務管理が大変とお悩みの方へ!!
給与計算やシフト管理、パートさんが辞めた後の採用などの労働管理上の作業がなくなり、
清掃のプロが臨機応変に対応させて頂く
ダイキチカバーオールに
日常清掃を任せてみてはいかがですか?
COVERALL
ご利用頂いているお客様の声
Nスタジオ株式会社様
シフト管理などの労務管理上の事務作業が無くなった。
M・Iテクノ株式会社様
常にきれいに実施して頂き、気が付いたところはこちらへ提案し、実施してもらえます。とても助かっています。
N企業株式会社様
パートさんが休んだ時に代わりの人の段取りをしなくてよくなった。
ダイキチカバーオールが選ばれる3つの理由
1 プロの仕事が出来る!
国家資格であるビルクリーニング技術士の資格要項に即した300時間の技術・知識・サービス面の研修を受けたスタッフがお伺いします。月に一度勉強会を開催しており、最新の清掃ノウハウを常に仕入れています。
2 担当営業が迅速かつ丁寧な対応!
小さいエリアで専属の営業担当を配属しておりますので、一人一人のお客様に対して手厚い対応が可能です。皆様へのお役立ちに情熱を持った営業担当がお伺いします。
3 自社雇用のパートさんと同等価格で提供!
担当営業が建物の利用状況に合わせた適切なプランをご提案致しますので、無駄な費用が掛かりません。特別な道具や洗剤を使用しているので、作業時間を圧倒的に短縮する事ができます。
日常清掃 週1回～週6回
定期清掃 年2回～年12回
価格例
日常清掃 週1回 ¥15,000～/月
日常清掃 週5回 ¥44,000～/月
定期清掃 床洗浄ワックス ¥15,000～/回
定期清掃 カーペットの洗浄作業 ¥20,000～/回
定期清掃 ガラスの清掃 ¥15,000～/回
よくある質問 Q&A
Q. 現在来て頂いている清掃スタッフがいるんだけど…
A. パートさんがお辞めになってからで結構です。先にお見積りをお手元において頂ければ、清掃に穴をあけずにスタッフを派遣致します。
Q. うちの条件に合うのか不安…
A. 関西一円で400名のスタッフをかかえております。貴社の条件に見合うかどうか一度ご相談下さい。見積りは無料ですので、すぐにお伺いします。
選ばれているには理由があります! お近くの営業所にまずはお電話でお申し込み下さい!
COVERALL
Health-Based Cleaning System

ワンポイント

「Ａ４」１枚アンケート広告作成アドバイザーと一緒につくった初めてのＤＭ。3600 枚を発送し、40 件もの定期清掃の仕事を獲得した。

スタッフが突然辞めたり、労務管理が大変とお悩みの方へ!!」と、アンケートに書かれていたお客様の悩みを打ち出しました。キャッチコピー（購入後のメリット・ベネフィットが伝わる文章）の下にはお客様の声を掲載し、同社が選ばれている理由もチラシに反映させました。

ＤＭを３６００枚発送したところ、なんと、40件もの定期清掃の仕事を獲得しました。

経営者の方は、テレアポで断られたお客様向けのＤＭだったのでそれほど期待していなかったそうですが、あまりの反響に驚いたそうです。

逆風環境

真冬なのに新規のお客様を3倍に増やした水の宅配店

安さよりも安心を打ち出す

エイトクリエイティブ株式会社（めい水屋）さんは、沖縄県豊見城市でＲＯピュアウォーターの製造・販売・宅配、ウォーターサーバーのレンタルを行なう会社です。不純物がないＲＯ水を無料でご家庭まで配達する「お水の宅配専門店」として、地域密着型の商売をされています。

沖縄県はウォーターサーバーの需要が大きいのですが、その分ライバル会社も多く価格競争も始まっているため、契約件数がなかなか伸びずにいました。

考えた末に、ウォーターサーバーを多くのご家庭に設置してもらおうと「無料レンタルキャンペーン」を謳ったチラシをつくりましたが、期待していたような反応はありませんでした。それどころか、ライバル会社が「安さ重視」のチラシを配布したことで、同社と契約していたお客様が次々と解約し、ライバル会社に奪われてしまったのです。

困った同社は、「Ａ４」１枚アンケート広告作成アドバイザーの豊平尚哉さんに相談。同社でウォーターサーバーを契約しているお客様に「Ａ４」１枚アンケートを実施することにしました。


アンケートの結果、次のようなことがわかりました。

多くのお客様は、「無料」だからということではなく、「水道水への不安」や「赤ちゃんや子供への影響」など、水に対する深刻な悩みを持っていたのです。そういう不安からミネラルウォーターをスーパーなどで購入していたのですが、重くて持ち帰るのが大変といった悩みも出てきました。

また、同社で契約しようと思った決め手を聞いてみると、「営業の方が安心安全なお水として、しっかり説明していた」ことと、「ドラッグストアの薬剤師さんが紹介してくれた」ということがわかりました。

広告の効果は3倍以上！

そこで、ターゲットとするお客様を「水道水への不安を持ったご家庭」と絞り込み、チラシをリニューアルすることにしました。

「ご自宅の水道水に不安を感じている方へ」と題し、「赤ちゃんや子供に水道水を飲ませたくない」「スーパーでお水を買うと重くて大変」などと、アンケートから出た悩みをそのまま打ち出しました。

また、安心安全なお水ということで、水以外の不純物を一切浸透させないＲＯ（逆浸透膜）でボトリングした水だということを図解入りで紹介して、商品の信頼性を高めるようにしました。

水道水に不安を感じているお母さんをターゲットにしたチラシをさっそく５０００枚配ったところ、それまで十数件しかなかった契約が、なんと、その3倍以上の41件もの契約につながったのです。

チラシを配布した季節は12月と冬真っ只中なので、普通ならなかなか契約が決まりにくい時期です。にもかかわらず、このチラシのおかげで同社史上最高の申込件数を記録した

図11

エイトクリエイティブさんのチラシ

Before

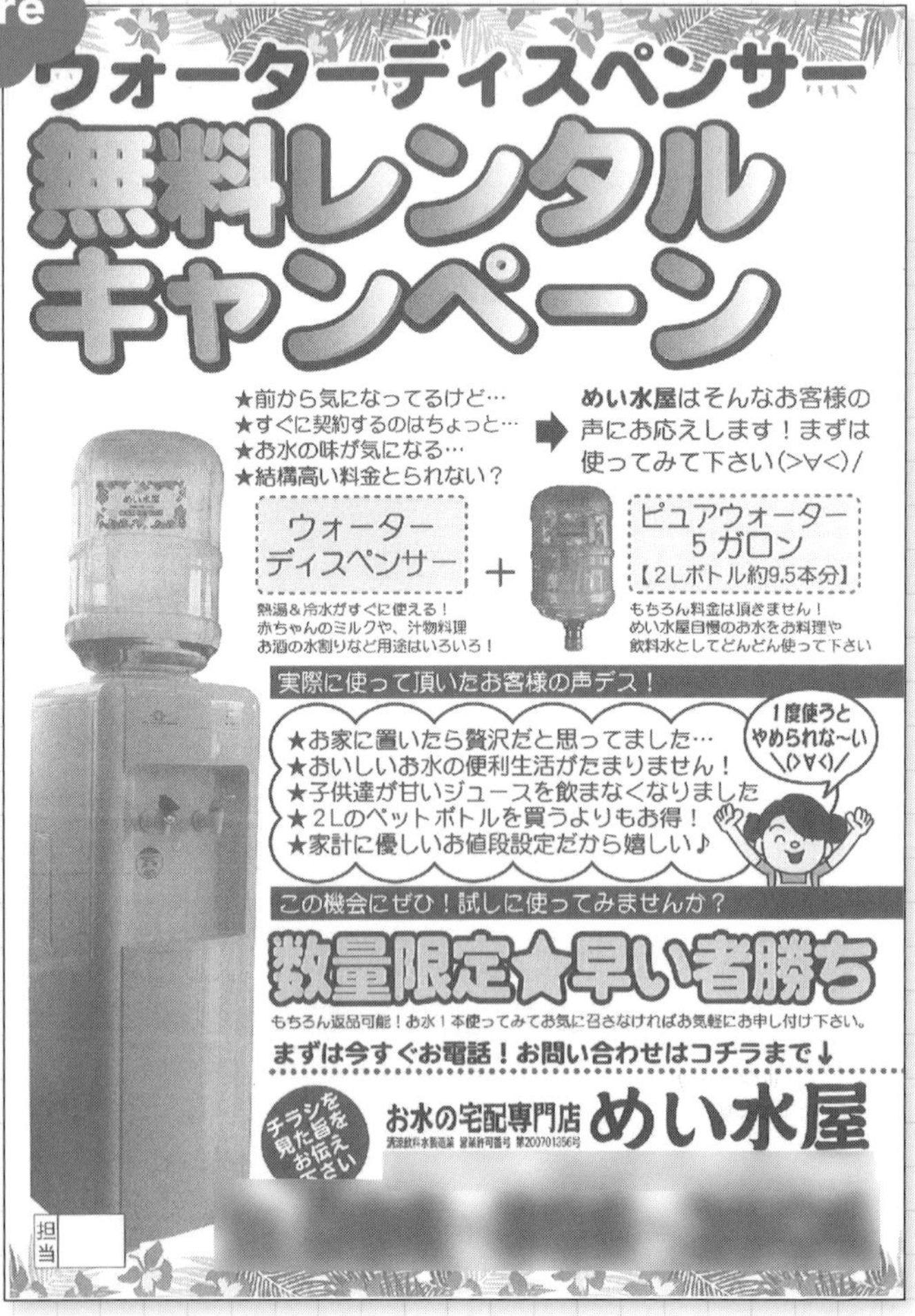
ウォーターディスペンサー
無料レンタルキャンペーン
★前から気になってるけど…
★すぐに契約するのはちょっと…
★お水の味が気になる…
★結構高い料金とられない？
めい水屋はそんなお客様の声にお応えします！まずは使ってみて下さい(>∀<)/
ウォーターディスペンサー
熱湯＆冷水がすぐに使える！
赤ちゃんのミルクや、汁物料理
お酒の水割りなど用途はいろいろ！
＋
ピュアウォーター 5ガロン
【2Lボトル約9.5本分】
もちろん料金は頂きません！
めい水屋自慢のお水をお料理や
飲料水としてどんどん使って下さい
実際に使って頂いたお客様の声デス！
★お家に置いたら贅沢だと思ってました…
★おいしいお水の便利生活がたまりません！
★子供達が甘いジュースを飲まなくなりました
★2Lのペットボトルを買うよりもお得！
★家計に優しいお値段設定だから嬉しい♪
1度使うとやめられな~い
\(>∀<)/
この機会にぜひ！試しに使ってみませんか？
数量限定★早い者勝ち
もちろん返品可能！お水1本使ってみてお気に召さなければお気軽にお申し付け下さい。
まずは今すぐお電話！お問い合わせはコチラまで↓
チラシを見た旨をお伝え下さい
お水の宅配専門店 めい水屋
清涼飲料水製造業 営業許可番号 第200701356号
担当

Change!

契約件数を伸ばそうとウォーターサーバーの「無料レンタルキャンペーン」を謳ったチラシを配布したが、思ったような効果は得られなかった。

After

ご自宅の水道水に不安を感じている方へ…
このようなお悩みありませんか？
赤ちゃんや子供に水道水を飲ませたくない…（20代女性）
スーパーでお水を買うと重くて大変（30代女性）
水道水は体に良くないので不安（50代女性）
ヤカンで沸騰させるのが面倒（50代男性）
など、お悩みがあるご家庭から
赤ちゃんや子供が安心して飲める！
買い物の苦労がなくなって便利！
と好評を頂いているお水の宅配専門店「めい水屋」です。
当店をご利用されているお客様から喜びの御声を頂いております。
■子供の体調の事を考えて…
40代：男性
■自分の苦労がなくなった（笑）
自分の苦労!?がなくなった事（笑） ドライバーの方の対応が親切で気持ちが良いです。こちらの水に変えてから主人は"水道水の味やにおいがなくなって飲みやすい"と言っていました
30代：女性
■受付や配達の方の接客が良い
私はすごく気に入っています。お水もおいしいですし…
何より、電話を受けてくれる方、配達の方の接客がすごく気持ちが良いです。
30代：女性
■サーバーなしの生活はむずかしそう。
ミルクはすぐに作れるし、コーヒーや料理にも大変役立ってます。
サーバーなしの生活は今後むずかしそうです。
20代：女性
めい水屋が選ばれている5つの理由！
1．不純物がなく安全性が高いRO（逆浸透膜）を使用。
RO（逆浸透膜）ピュアウォーターは、不純物のない水です
めい水屋は、このROピュアウォーターをさらに無菌室でボトリングしているので、より清潔です。なので赤ちゃんやお子様が安心して利用できる安全な水です。
2．信用度が高い！紹介率も高い！
県内のドラッグストアふく薬品さんや病院などでご利用頂いております。また一度使って頂いたお客様からの紹介でご契約頂くケースも多いです。
3．水質無料診断
めい水屋では、お宅の水道水の無料水質検査を行っており、比較して頂くことで安心・安全をお伝えしています。
4．メンテナンスフリー
ウォーターサーバーは無料レンタル＋メンテナンスフリーです。メンテナンスは基本半年から1年に1回のペースで行っていますので安心してご利用頂けます。
5．柔軟な対応ができるスタッフ
めい水屋のスタッフはお水の提供だけではなく元気と笑顔もお届けしてます！エレベーターのないアパートの上階でも元気に配達！
めい水屋の取り扱い商品
完全水の「RO（逆浸透膜）ピュアウォーター」
※下記料金は、保証金1万円をお預かりした場合の金額です。解約時に全額返金します。
1本：5ガロン／19ℓ 800円
2本：10ガロン／38ℓ 1,600円
3本：15ガロン／57ℓ 2,400円
配達エリア
月・水・金
南城市・八重瀬町・糸満市・南風原町
豊見城市・那覇市・与那原町
火・木・土
沖縄市・北中城村・中城村・宜野湾市
北谷町・西原町・うるま市・浦添市
サーバー代金が無料！配達料金が無料！
まずは!!
おいしい安心なお水、他の水との違いを実感して頂くために
無料お試しキャンペーンをご利用下さい。
ウォーターディスペンサー
ピュアウォーター1本（19ℓ）
お気に召さなければ、返品OKです！
お気軽にお問合せ下さい♪
営業時間／9：00～18：00
定休日／日曜・年始
めい水屋
お水についてもっと詳しく知りたい方はホームページでもご覧頂けます
また、お客様の声も随時更新しています！
URL http://www.omizuhaitatsu.com/
今すぐインターネットで！ めい水屋 検索

ワンポイント

「Ａ４」１枚アンケート広告作成アドバイザーの豊平尚哉さんと一緒につくったチラシ。ターゲットを「水道水への不安を持ったご家庭」と絞り込み、41 件もの契約につながった。

のです。

さらに、新しくお客様にお願いした「Ａ４」１枚アンケートの結果を同社のブログに掲載したところ、ブログからのお申し込みも増えていきました。

同社の売上は前年比１・６倍になり、当初３人で営んでいた従業員が今では８人まで増え、個人事業主から株式会社へとステップアップしたのです。

新規出店

具体的な悩みを書いて新規客を2・5倍に増やした美容室

ビジュアルと安さを打ち出したものの…

美容室おおらかさんは、関東で複数の美容室を経営しており、主に近隣に住んでいる主婦の方を対象としています。

同店は２０１４年春に東京都内に新店舗をオープンしました。しかし、まだ知名度もなく、近隣にはライバル店も数多く存在し、さらに価格競争が始まっていたため、新規の来店客数が伸び悩んでいました。

このお店がオープンしたとき、印刷所に作成してもらったチラシが次ページ図12のビフォーです。

キレイな外国人女性モデルの写真を使いビジュアルにこだわり、低料金も全面に打ち出しました。そのチラシをきっかけに来店客は少し増えたのですが、期待していたほどの反

図12

美容室おおらかさんのチラシ

Before

お客様の声を反映した悩みではないので反響が薄い

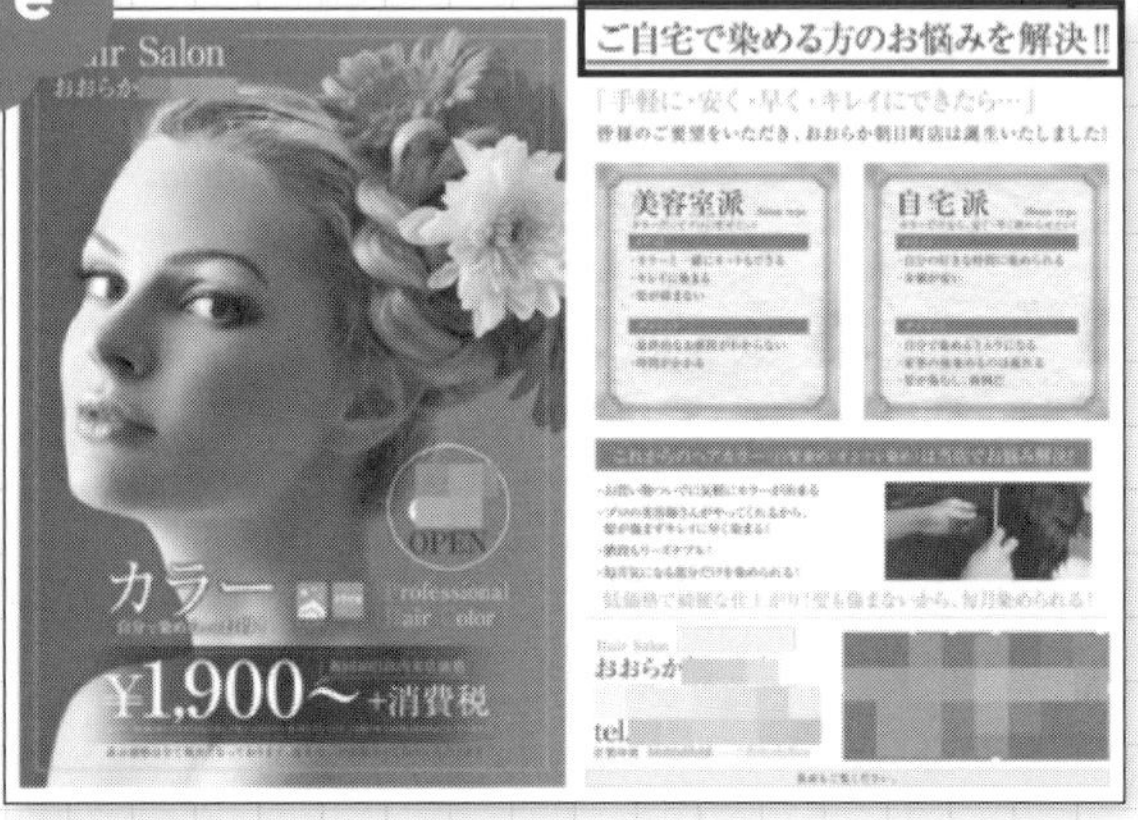

Change!

東京都内に新店舗をオープンしたときの集客チラシ。ビジュアルにこだわり低料金を全面に打ち出したものの、期待していたほどの反応は得られなかった。

After

お客様の悩みを具体的に打ち出す

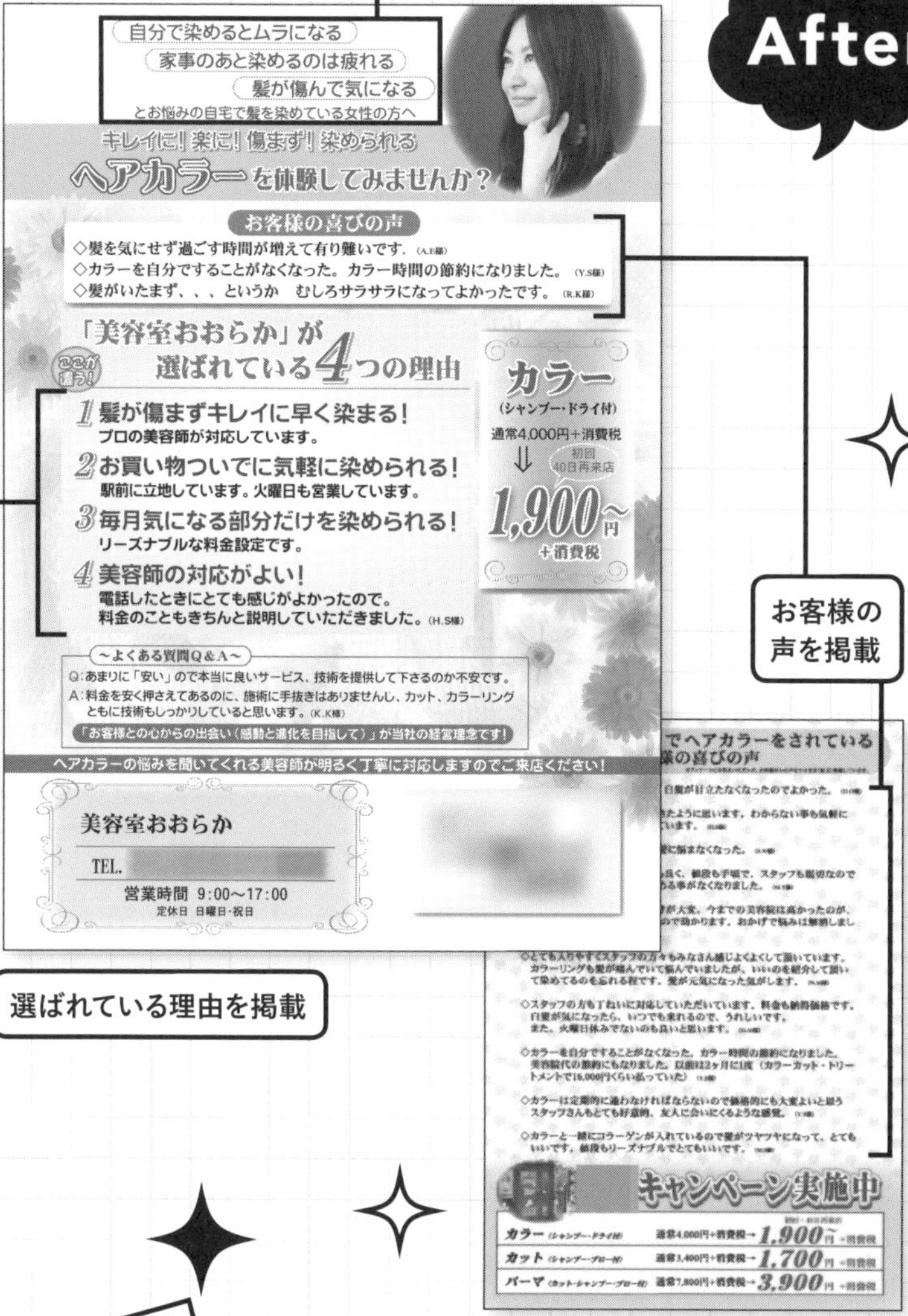
自分で染めるとムラになる
家事のあと染めるのは疲れる
髪が傷んで気になる
とお悩みの自宅で髪を染めている女性の方へ
キレイに！楽に！傷まず！染められる
ヘアカラーを体験してみませんか？
お客様の喜びの声
◇髪を気にせず過ごす時間が増えて有り難いです。（A.E様）
◇カラーを自分ですることがなくなった。カラー時間の節約になりました。（Y.S様）
◇髪がいたまず、、、というか　むしろサラサラになってよかったです。（R.K様）
「美容室おおらか」が
選ばれている4つの理由
ここが違う！
1 髪が傷まずキレイに早く染まる！
プロの美容師が対応しています。
2 お買い物ついでに気軽に染められる！
駅前に立地しています。火曜日も営業しています。
3 毎月気になる部分だけを染められる！
リーズナブルな料金設定です。
4 美容師の対応がよい！
電話したときにとても感じがよかったので。
料金のこともきちんと説明していただきました。（H.S様）
カラー
（シャンプー・ドライ付）
通常4,000円＋消費税
⇩
初回
40日再来店
1,900～円
＋消費税
～よくある質問Q＆A～
Q：あまりに「安い」ので本当に良いサービス、技術を提供して下さるのか不安です。
A：料金を安く押さえてあるのに、施術に手抜きはありませんし、カット、カラーリングともに技術もしっかりしていると思います。（K.K様）
「お客様との心からの出会い（感動と進化を目指して）」が当社の経営理念です！
ヘアカラーの悩みを聞いてくれる美容師が明るく丁寧に対応しますのでご来店ください！
美容室おおらか
TEL.
営業時間 9:00～17:00
定休日 日曜日・祝日
でヘアカラーをされている
様の喜びの声
キャンペーン実施中
カラー（シャンプー・ドライ付） 通常4,000円＋消費税→ 1,900～円 ＋消費税
カット（シャンプー・ブロー付） 通常3,400円＋消費税→ 1,700円 ＋消費税
パーマ（カット・シャンプー・ブロー付） 通常7,800円＋消費税→ 3,900円 ＋消費税

お客様の声を掲載

選ばれている理由を掲載

ワンポイント

「Ａ４」１枚アンケート広告作成アドバイザーの稲川純一さんに相談してつくったチラシ。具体的な悩みや強みを掲載したところ、新規のお客様が 2.5 倍にアップした。

応はありませんでした。

困った同店は、「Ａ４」１枚アンケート広告作成アドバイザーに相談。「Ａ４」１枚アンケートを広告に活かすことに決め、すでに同店をご利用くださっているお客様にアンケートを実施しました。

自宅で髪を染めている女性に絞り込む

すると、「自分で染めるとムラになる」「家事のあと染めるのは疲れる」「髪が傷んで気になる」など、自宅で髪を染めるときの具体的な悩みがわかりました。以前のチラシでも「ご自宅で染める方のお悩みを解決!!」と記していましたが、大事なのはお客様の悩みを具体的に伝えられるかどうかです。

また、来店し続けている決め手を聞いてみると「髪が傷まずキレイに早く染まる」「お買い物ついでに気軽に染められる」「毎月気になる部分だけを染められる」「美容師の対応が良い」という強みがわかりました。

そこで、チラシの内容や見せ方をリニューアルすることにしました。

こうして出来上がったチラシが図12のアフターです。

「自分で染めるとムラになる」「家事のあと染めるのは疲れる」「髪が傷んで気になる」とアンケートでわかったお客様の悩みをそのまま打ち出しました。

また、お客様が来店し続けている決め手を「選ばれている4つの理由」と打ち出しました。

さっそく1万枚ポスティングしたところ、前月は21人しかなかった新規の来店客数が、なんと、約2・5倍の52人に増えたのです。

その後来店された新規のお客様からいただいたアンケートの中で、「Q4：他にも美容室があったにもかかわらず、何が決め手となって当店へ来店されたのですか？」の質問には、次のような答えを多くいただきました。

「チラシのお客様の声が良かったから」

「チラシの内容がいろいろと努力していることがうかがえたから」

このようにしっかり伝えれば、お客様はわかってくれるのです。

現在でもこのお店は、常連客の方たちに支えられながら元気に営業を続けています。

美容室おおらかさんのように地域密着型のお店では、近隣に住んでいるお客様がどんなことに困っているのかをきちんと調べることが大事です。

美容室ということで美しい外国人女性をチラシに採用したのは良かったのですが、そのチラシを見て「おしゃれすぎて、自分には合わない髪型にされるのでは？」といった不安を持つお客様がいらっしゃったとのこと。お店のイメージと広告のイメージにギャップがあったので、お客様がなかなか利用しにくかったというわけです。

継続改善

お客様の声を反映し続けて売上を倍増させたホテル

アンケートを取り続けて改善を重ねる

「A4」1枚アンケートは、一度取って終わりではなくて継続的に取り続けることで、一過性の売上向上ではなく、本当の実力から生み出される売上になります。そうなれば景気に左右されることもありません。

継続的に業績を上げていくためにも、アンケートを取り続けて、自社でお金をかけずに取り組めるものはすぐに改善していくことが大切なのです。

和歌山県那智勝浦にある宿泊施設「Hotel & RentaCar660」さんの強みは、国内でも有数な観光スポットに近いということだけではなく、天然温泉に入れるというところ。アンケートでも温泉の良さが書かれていました。

このホテルでは、「Ａ４」１枚アンケートを取り続けて、お客様の声を広告に活かすとともに、Ｑ５の「実際に宿泊されてみていかがでしたか？」という項目に書かれていた改善点を、すぐに実践できるものから１つずつ解消していきました。

たとえば、次のような回答がありました。

「無線ＬＡＮには、セキュリティの心配があるのでパスワードを付けてほしい」

「客室にはズボンも掛けられるハンガーを置いてほしい」

「部屋にはボールペンなど書くものがあると便利」

アンケートの感想をＴｏＤｏリストで管理

こうしたアンケートの感想をもとに、同社では改善のためのＴｏＤｏリスト（やることリスト）を作成しました。

ＴｏＤｏリストはとても簡単なものです。アンケートの感想から出てきた「やること（やったこと）」を記入します。そして状況を「○処理済み、△処理中、×改善できない」などでマークして、次にできていない理由をきちんと記載します。最後に実行期限を設けて終了です。

図13

Hotel & RentaCar660さんのToDoリスト

「A4」1枚アンケート

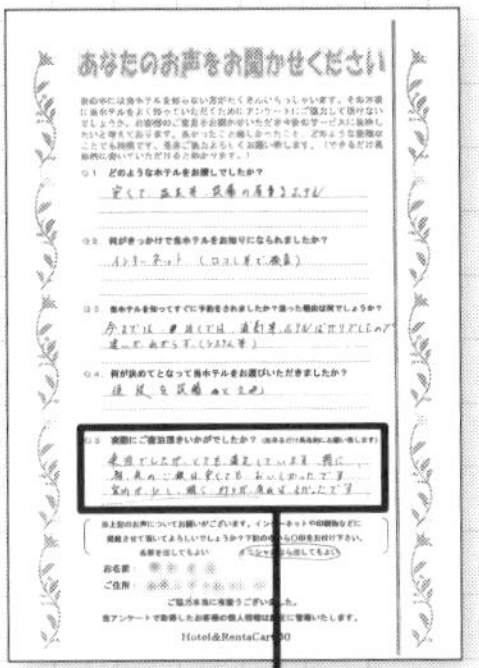

ToDoリスト

販促会議日 月	日	アンケート内容	やる事(やった事)	状況(○△×)	出来ていない理由	実行期限
		無線LAN. パスワード設定.	設定済み	○		済
		客室にズボンハンガー	設置済み	○		済
		〃 ボールペン	〃	○		済
		エレベーター前にカギ閉め忘れ防止表示	〃	○		済
		客室 広さ表示	[illegible]表示	○		済
		延長コード フロント		△		
		大浴場 めん棒	設置済み	○		済
		レンタカー のぼり	ホテル壁面看板のみOK.	△		
		ケイタイ充電機(車用)貸し出し		× △		済
		朝食時レストラン禁煙	OK	○		済
		温井グループ看板		× △		
		観光 パンフ	ロビーにパンフ及び観光雑誌(るるぶ	○		済
		天然温泉 看板(大きく)		× △		
		単価UP (宿泊客)				
		加湿器・空気清浄機	全室設置	○		済
		ランドリー バック		× △		済
		使いすて 用 スリッパ	購入済み	△		済
		お土産・物産	何か一品	× △		
		客室 デンキの暗さ		△		済
		はおり貸出用		△		

Q5の内容をToDoリスト化

ToDoリストには販促会議日、アンケート内容、やる事(やった事)、状況(○△×)、出来ていない理由、実行期限を記入する欄があり、1つ1つ改善していくことで売上を伸ばしていった。

お客様の要望の中には、「お風呂にセーフティBOXを設けてほしい」などスペースの都合でどうしても改善できないものもありましたが、無線LANにはさっそくパスワードを設定し、客室にはズボンをクリップで留められるハンガーを設置、ボールペンも常備するようにするなど、まずはあまりお金がかからず簡単に実行できるものから取り組んでいきました。

1つ1つは小さなことですが、それを続けていくうちにお客様の不満はどんどん減っていき、前年同月比で売上が2倍以上に増えたのです。

同ホテルは、顧客満足度が上がったことからリピーターが増え、その後も安定して売上を伸ばしています。

第3章

1つの成功事例を展開して大きな売上を獲得する

展開例1

1部門の成功を全社の成功につなげた食品スーパー

前章の成功事例から、「A4」1枚アンケートの効果を少しは理解してもらえたでしょうか。続いてこの章では、1つの成功事例を他の広告へ反映してさらに大きく成功した事例をお伝えしていきます。「A4」1枚アンケートが実にさまざまな販促に活用できることがわかると思います。

まずは、価格競争の代表格である食品スーパーの事例からご紹介しましょう。

効果が見られなかったチラシ

ではらストアーさんは、大阪市城東区に店舗を構える地域密着型のスーパーマーケットとして50年以上親しまれてきました。

しかし、最近は大手スーパーの進出によって売上が厳しくなっていました。こうした競

図14

ではらストアーさんの当初のチラシ（Before）

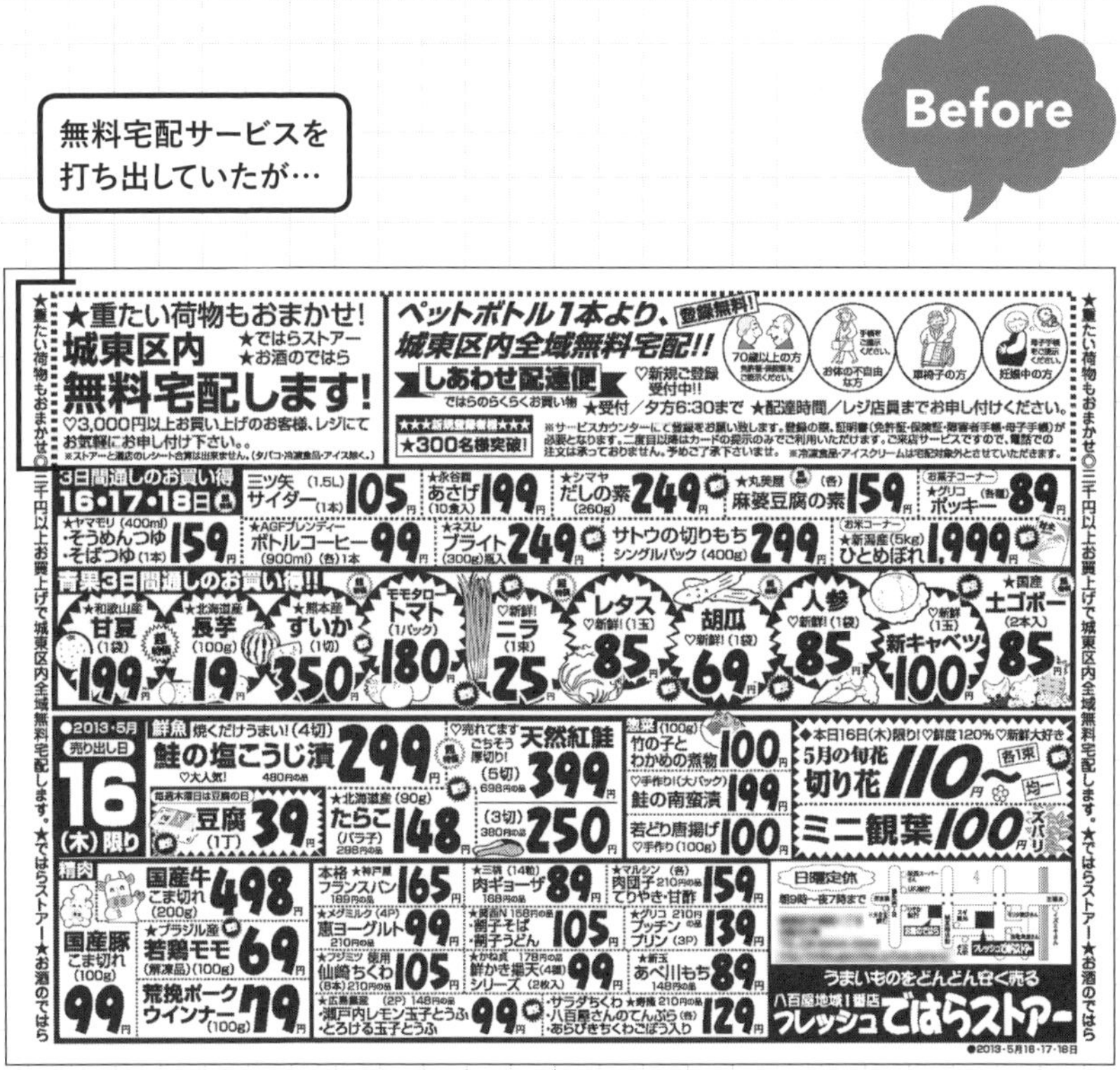

ではらストアーさんが「Ａ４」１枚アンケートを取る前に折り込んでいたチラシ。無料宅配サービスを打ち出していたものの、売上に結びつかなかった。

合店の進出に対して、同店ではお客様が購入した商品の無料宅配サービスを打ち出したチラシを週に2回折り込んでいました。

当時、新聞に折り込んでいたのが前ページ図14のチラシです。一番上の目立つところに、「重たい荷物もおまかせ！城東区内無料宅配します！」「ペットボトル1本より、城東区内全域無料宅配!!」と書かれています。

ところが、このチラシは売上に結びつくどころか現状維持が精一杯、日によっては売上が大きく下がることも珍しくありませんでした。

同店の常務だった出原豊久さんは、売上が上がらないのはチラシのつくり方が間違っているからではないかと感じ始めていました。

チラシづくりをきちんと学ぼうと考えていたとき、ちょうど大阪で「A４」1枚アンケート実践勉強会があるということを知り参加。その効果に納得したので、まずは自分が担当している鮮魚コーナーの売上を伸ばそうと、鮮魚を購入してくださったお客様にアンケートを実施することにしました。

鮮魚コーナーで商品を3点以上買ってくれたお客様に、レジでアンケートを配りました。

なぜ3点以上にしたかというと、それらのお客様はお店のファンだと思ったからです。

地域密着の強みを打ち出す

さて、お客様から返ってきたアンケートを見ると、次のようなことが書かれていました。

Q1：ではらストアーで購入される前は、どんなことをお考えでしたか？
A1：安くて新鮮な魚が食べたい。
Q2：ではらストアーを何で知りましたか？
A2：チラシ。
Q3：すぐに購入されましたか？されなかった方はなぜですか？
A3：調理方法がわからなかった。
：簡単に調理できないんじゃないか。
：おいしいかどうか不安なんだけど。

Ｑ４：何が決め手となってではらストアーで購入されたのですか？
Ａ４：安い。
：新鮮。
：種類が多い。

Ｑ５：実際に購入されてみていかがですか？
Ａ５：安いのにもかかわらず、鮮度も良いので以後、ずっと利用させていただいています。
：いつも美味しい！　家族からも「ではら」に行ったらと言ってくれます。
：刺身など、あらかじめ注文した魚についてはとくに鮮度が良く、昔あった魚屋さんそのものです。

アンケートを取ってみてさまざまな驚きがありましたが、とくに驚いたのが「Ｑ４：何が決め手となってではらストアーで購入されたのですか？」の答えに「種類が多い」と書かれていたことです。

大手スーパーのほうが自店よりも売り場面積が大きいので、当然種類も多いと思っていたのです。しかしよくよく調べてみると、大手スーパーは近隣の店舗と合同でチラシを印刷するので、どこのお店にも同じように仕入れができる大衆魚しか置いていなかったのです。

逆にではらストアーさんは家族経営の小さなスーパーなので、変わった魚なども少量でも仕入れていました。主婦の方はそれをよく見ているので、大手スーパーはいつも同じ魚しか置いていないけど、ではらストアーにはいろいろな魚が置いてあるからと、買いに来てくれていたことがわかったのです。

これは、お客様に聞いてみないとわからない強みでした。

チラシの制作は社長である出原さんのお兄さんが担当していたので、「一度だけでいいから、アンケートで取ったお客様の声をチラシに反映させてほしい」と言ってつくらせてもらったのが、次ページ図15のチラシです。それまでの定番チラシとは、まったく違うチラシが出来上がりました。

図15

鮮魚コーナーのリニューアルチラシ

After ①

近隣のスーパーで、安くて新鮮なおいしいお魚が食べたいと思ってる方へ
毎朝仕入れたての、ではらの新鮮お魚はいかがですか?!!
■ではらのお魚を食べたお客様からひと言■
安いにもかかわらず鮮度も良いので以後ずっと利用させていただいてます。

いつもおいしい! 家族からも「ではらに行ったら」と、言ってくれます。

刺身など、あらかじめ注文した魚については特に鮮度がよく昔あった魚屋そのものの味です。

鮮魚店長 出原豊久
■ではらの鮮魚売場が喜ばれる3つの理由■
❶新鮮!… 日本一の鮮魚店、梅田阪神百貨店で修行した店長が毎日直接仕入れに行って直送してくるから新鮮!
❷安い!… 良き信頼関係を築いている仲買さんから格安で仕入れますし、しっかりバッチリ毎朝値切ってますので安い!
❸種類!… 一般スーパーにない旬の魚や地元の魚も豊富! しかも毎週火・金曜日岸和田漁港より産地直送!!
しかも、今日は店長の誕生日なので……いつもより更に! オススメ商品満載
ではらストアー ●2013・5月 売り出し日 27 (月)限り
♡みそ汁・パスタ 酒むしにも! ♡新鮮!(100g) 活あさり 118円の品 59円 激安
♡柔らかくシコシコの歯ごたえが大人気! お造り・サラダ・酢のものに最高!! 生食用(100g) 湯だこ 超特価 228円の品 128円 激安
♡プリプリ大人気商品! ボイル むきエビ そのまま サラダにも! 超特価 150円 (100g) 228円の品 激安
★刺身・タタキに!! ♡今が旬!脂のってきてまっせ〜! 新鮮 生カツオ (片身)980円の品 498円 (1/4)498円の品 258円より
♡フワフワの新物! 大根おろしと一緒にサッパリと! 生食用 (100g) 釜揚げしらす 280円の品 150円 超特価 激安
♡大人気の一品! ブラック(中サイズ) タイガーエビ ・エビチリ・エビマヨ・フライに! (1尾) 45円の品 28円 超特価
■こんなお悩みございませんか?■
Q 調理法がわからないんだけど…… A お魚大好き店長や、お魚歴30年以上のやさしい職人さんがていねいにお伝えしますし、レシピもどんどん公開していきます。
Q 簡単に調理できるものはないの? A 下味付で簡単!焼くだけの商品もたくさんあります。
Q おいしいかどうか不安なんだけど… A もしお魚を召し上がって、満足頂けなかったら、お魚代金全額返金致します。
チラシにのってない当日仕入れたオススメ商品もたくさんありますので
まずはぜひ店頭にお越し下さい!
朝9時〜夜7時まで 日曜定休
うまいものをどんどん安く売る
八百屋地域1番店 フレッシュ ではらストアー
●2013・5月27・28日

「A4」1枚アンケートで追加した部分

ワンポイント

鮮魚コーナーの売上を伸ばすためにアンケートを実施し、お客様の声をチラシに反映。その結果、前年同月比で約 1.5 倍もの売上を達成した。

それまでのチラシにはターゲットコピー（対象となるお客様に呼びかける文章）を入れていませんでしたが、Q1の質問「ではらストアーで購入される前は、どんなことをお考えでしたか？」によって、自分たちがターゲットとしたいお客様が「安くて新鮮な魚が食べたい方」と明確になりましたので、「近隣のスーパーで、安くて新鮮なおいしいお魚が食べたいと思ってる方へ」と打ち出しました。

そして「Q5：実際に購入されてみていかがですか？」には「安いのにもかかわらず、鮮度も良い」と感想が書いてあったので、ターゲットコピーの下には「毎朝仕入れたての、ではらの新鮮お魚はいかがですか?!!」と大きくキャッチコピー（購入後のメリット・ベネフィットが伝わる文章）を入れ、同じくお客様へアピールしました。

その下には「ではらのお魚を食べたお客様からひと言」として、「Q5：実際に購入されてみていかがですか？」に書かれていたお客様の声をそのまま掲載し、裏付けとなる証拠としました。

さらに「Q4：何が決め手となってではらストアーで購入されたのですか？」によってお客様に喜ばれている強みがわかりましたので、「ではらの鮮魚売場が喜ばれる3つの理由」として「新鮮・安い・種類が多い」の3つを目立つように記しました。

また、チラシの下のほうには、「Q３：すぐに購入されましたか？されなかった方はなぜですか？」に書かれていた「調理方法がわからなかった」「簡単に調理できないんじゃないか」「おいしいかどうか不安なんだけど」という購入前の不安に対する対策をQ＆Aで挿入しています。

最後の「おいしいかどうか不安なんだけど」という不安に対しては、「もしお魚を召し上がって、満足頂けなかったら、お魚代金全額返金致します」と返金保証を入れました。

このように、購入してくれたお客様の声をそのまま反映させてつくりました。スーパーの常識とはまったく異なるチラシをつくって結果が出なかったらどうしようと考えていた出原さんですが、前年同月比で約１・５倍の売上を達成できたのです。

店全体にチラシを応用、月内最高売上を達成！

出原さんはそこで、お客様の声を反映しただけでこんなに効果が出るのなら、同じ広告をまたやってみれば、また効果が出るのではないかと考えました。

しかし、自分が担当する鮮魚コーナーばかりをアピールすると他の部門からクレームが

図16

チラシ激戦日に折り込んだチラシ（After）

After ②

「A4」1枚アンケートで追加した部分

鮮魚コーナーの紙面を左半分に抑え、右半分には他部門の商品を掲載。チラシの激戦日にもかかわらず、約1.5倍の売上を達成した。

来ると思い、鮮魚コーナーの紙面を半分にして、残り半分に他の部門を入れるチラシをつくりました。それが前ページ図16のチラシです。

最初のチラシで大成功を収めた9日後、近隣のライバル8店が一斉にチラシを折り込む激戦日にこのチラシを折り込んでみたところ、ほぼ同じように、その日の売上は前回と同じく約1・5倍になりました。

この実績をもとに出原さんは、「A4」1枚アンケートのチラシを店全体に活用することを社長に提案。承諾を得たので再びアンケートを実施することにしました。

その当時、ではらストアーさんの平均客単価は約1000円だったので、2000円以上お買い上げのお客様を対象にアンケートを配りました。平均客単価の2倍以上お買い上げのお客様は、自店で喜んで買ってくださっているファンの確率が高いからです。

アンケートの結果からは、次のようなことがわかりました。

お客様が同店に来る前に考えていたのは、「毎日の献立を考えるのが大変だし、大手スーパーだと食材がマンネリ化する」ということ。そして実際に購入されたお客様の感想は「ほとんど毎日来ても、満足できる」というものでした。

ではらストアーさんの強みは、創業50年以上。地域密着型スーパーで長年問屋と信頼関係を築いてきたため、特別なお買い得品が入ることが多いということ。また、大手スーパーと異なり、その日の朝に市場に行って仕入れをするので新鮮だということ、チラシに載らないお買い得品がたくさんあること。

こうした理由によって、「安いし新鮮だし、魚類が良い」「大量に買っても安くて助かる」「ほとんど毎日来ているので満足しています」というお客様の声をいただくことができているのです。

これらを反映したのが、次ページ図17のチラシです。

出原さんは、鮮魚コーナーで成功したものが果たして店全体で通用するのかどうか不安だったそうですが、このチラシによって店全体で前年同月比約1・2倍の売上を達成することができました。その日の売上は、その年の月内最高売上を記録することになったのです。

さらに、同店ではチラシの内容の一部を地下鉄構内の看板広告に反映し、よりいっそう

図17

店全体のチラシで月内最高売上を記録！

After ③

毎日のこんだてを考えるの大変だし……大手チェーンスーパーだと食材がマンネリ化だとお悩みの方へ!
ほとんど毎日来ても満足頂けるでばらでお買物はいかがですか～!!
次男・俊作 長男・崇司 三男・豊久
ではら3兄弟
ではらで買って頂いているお客様の声
安いし新鮮だし魚類がいい!
大量に買っても安くて助かる!
ほとんど毎日来ているので満足しています。
日替
新鮮
安い
■ではらが喜ばれている3つの理由■
❶日替り!…チェーンストアと違い、その日の朝の市場の状況に応じた仕入れをするから、チラシにのらないお値打ち品が盛りだくさん!!
❷新鮮!…スーパー一筋スゴ腕ではら３兄弟が、毎朝直接市場に責任をもって仕入れにいくので、いつも新鮮!
❸安い!…創業 76 年の実績で問屋さんと長きにわたって信頼関係を築いてきたではらだけに、特別ゆずってくれる値段や・お値打品を皆様にお届け!!
でばらストアー
●2013・6月
売り出し日
17（月）限り
★特選国産品 ★北海道産 たらこ ♡旨味が違う（100g）あたり 380円の品 超特価 199円
♡近海物のちりめんが半額以下! ★淡路島産 乾ちりめん（200g）680円の品 鮮魚 299円
★島根県名産品 連子鯛開き（1枚）158円の品 超特価（3枚入）250円 鮮魚（5枚入）399円
生トラウトサーモン ★本場ノルウェーより空輸品!（お造り用）♡脂のってます!（100g）298円の品 激安 178円
青果 ♡新鮮（1パック）モモタロートマト 180円
★北海道産（100g）長芋 29円
♡新鮮（1玉）レタス 69円
♡新鮮（1袋）胡瓜 激安 69円
♡新鮮（1束）ニラ 超特価 39円
♡新鮮（1袋）ピーマン 39円
★長崎産（1袋）新じゃが 青果 69円
新生姜（大パック）399円
★オーストラリア産 牛バラ 精肉 切り落とし（100g）158円
国産豚 こま切れ（100g）激安 99円
極小粒 日配 納豆 ★豆紀 148円の品（3P）69円
わかめと胡瓜の酢のもの ♡手作り（100g）惣菜 100円
毎週月曜日は牛乳の日 酪農牛乳 220円の品（1L）159円
■こんなお悩みございませんか?■
Q 買って帰って、いたんでたり、おいしいかどうか不安なんだけど……
A もし、お求め頂き、いたんでいたり・ご満足頂けなかったら、そのお代金は全額返金させていただきます。
Q 食べ方がわからないんだけど……
A おまかせ下さい!ぜひ売場の店員におたずねください。しっかりお伝えさせていただきます。
チラシにのってない当日仕入れたオススメ商品もたくさんありますので
まずはぜひ店頭にお越し下さい!
朝9時～夜7時まで 日曜定休
うまいものをどんどん安く売る
八百屋地域1番店 フレッシュでばらストアー
●2013・6月17・18日

「A4」1枚アンケートで追加した部分

ワンポイント

鮮魚コーナーの成功を店全体に広げるために、2000 円以上お買い上げのお客様にアンケートを実施し、お客様の声を再びチラシに反映。その年の月内最高売上を記録した。

の集客につなげています。それが次ページ図18の看板です。

通常こうした看板にはお店の名前と地図、営業時間ぐらいしか書いてありませんが、このようにチラシの内容を入れることで、看板を見たお客様の来店が増えたといいます。

ではらストアーさんでは、鮮魚コーナーの成功を店全体、さまざまな販促媒体に拡大したことで、大きな成功を収めることができました。このように、**1つの成功で終わらせずに、成功したやり方を拡大していくと、大きな業績アップにつなげられる**のです。

図18

チラシの内容を反映させた看板広告

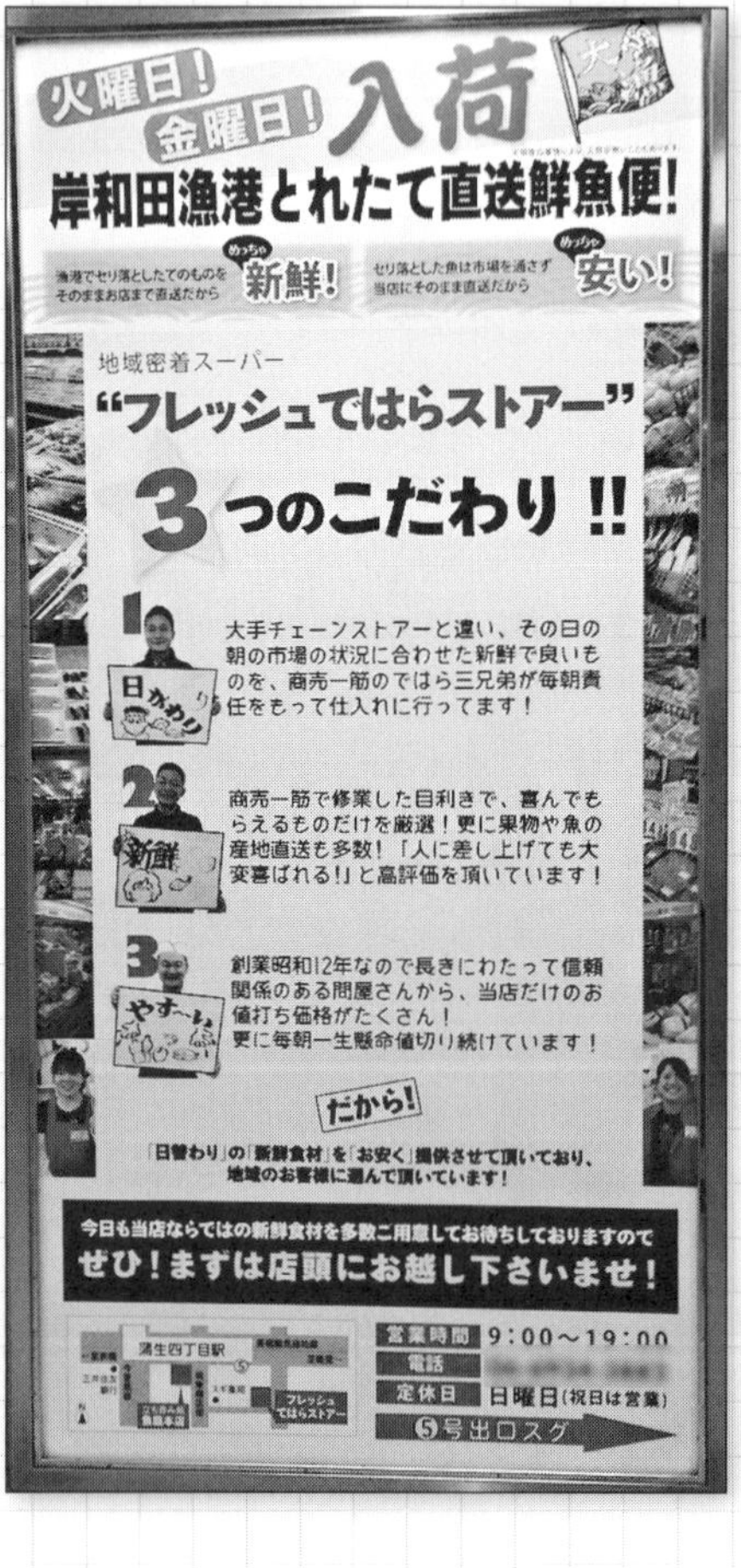
火曜日！
金曜日！
入荷
岸和田漁港とれたて直送鮮魚便！
漁港でせり落としたてのものをそのままお店まで直送だから
めっちゃ
新鮮！
せり落とした魚は市場を通さず当店にそのまま直送だから
めっちゃ
安い！
地域密着スーパー
“フレッシュではらストアー”
3つのこだわり!!
1
大手チェーンストアーと違い、その日の朝の市場の状況に合わせた新鮮で良いものを、商売一筋のではら三兄弟が毎朝責任をもって仕入れに行ってます！
日がわり
2
商売一筋で修業した目利きで、喜んでもらえるものだけを厳選！更に果物や魚の産地直送も多数！「人に差し上げても大変喜ばれる!!」と高評価を頂いています！
新鮮
3
創業昭和12年なので長きにわたって信頼関係のある問屋さんから、当店だけのお値打ち価格がたくさん！
更に毎朝一生懸命値切り続けています！
やす〜い
だから！
「日替わり」の「新鮮食材」を「お安く」提供させて頂いており、地域のお客様に選んで頂いています！
今日も当店ならではの新鮮食材を多数ご用意してお待ちしておりますので
ぜひ！まずは店頭にお越し下さいませ！
蒲生四丁目駅
フレッシュではらストアー
営業時間 9：00〜19：00
電話
定休日 日曜日（祝日は営業）
⑤号出口スグ

ワンポイント

チラシ内容の一部を地下鉄構内の看板に反映。先ほどの図 17 の一番上に書かれた 3 つのこだわり「日替り！」「新鮮！」「安い！」を看板向けにアレンジジして掲載している。

展開例2

1プランの成功を他プランの成功につなげた老舗旅館

言葉を変えただけで予約が1・5倍に！

三河屋旅館さんは、創業明治16年（1883年）の箱根小涌谷温泉の老舗高級旅館です。この旅館には以前から「赤ちゃんプラン」という宿泊プランがありました。「赤ちゃんプラン」とは、2歳以下の小さなお子様がいる方のための宿泊プランです。

箱根の旅館の中には、雰囲気を重視するために、小さなお子様連れでの宿泊を遠慮いただく旅館も少なくないといいます。また、小さなお子様は手間もかかるからと考える旅館も多いようです。

しかし、三河屋旅館さんは、そうしたお客様を受け入れることこそビジネスチャンスだと捉えました。その理由は、若旦那にも小さなお子様がいるからとのこと。自分も同じ立場に立たされたらつらいだろうということで、お子様を積極的に受け入れることに決めたといいます。

そうした若旦那の思いがお客様からの支持につながり、「赤ちゃんプラン」は同旅館で売れ筋トップ3に入るほどの人気プランになったのです。


普通ならそこで満足してもおかしくないのですが、三河屋旅館さんは違いました。「A4」1枚アンケート広告作成アドバイザーの神南臣之輔さんに相談して、この宿泊プランページをリニューアルすることに決めたのです。

なぜ、売れているプランの内容をあえて変えようとしたのか？

昨今、旅館業の環境は厳しさを増しています。海外からの旅行客が増える一方、国内市場は落ち込んできています。経営を安定させるためには、つねに先手を打っていくことが大切です。

そうした危機感から、同旅館は神南さんに研修を依頼。まずは、すでに売れていてお客様の評価も高い「赤ちゃんプラン」に狙いを定め、このプランを利用してくださったお客様にアンケートを実施したのです。

アンケートの「Q1：赤ちゃんプランを申し込まれる前は、どんなことをお考えでしたか？」の答えを見てみると、「赤ちゃんと一緒でも、安心して温泉旅館を楽しみたい」と考えているお客様が多いことがわかりました。

続いて「Q5：実際に宿泊されてみていかがですか？」の答えには、「家族でお部屋食、お部屋の温泉でくつろげる」という声が多く挙げられました。

アンケートを取ってみてわかったのですが、3世代というキーワードはどこにも出てこなかったのです。

そこで、ホームページの宿泊プランページをリニューアルしました。

それまでのホームページには、「じいじ、ばあばも一緒♪　3世代で楽しむ初めての温泉旅行はこれで決まり！」とのキャッチコピーがありましたが、次のように変えました。

「赤ちゃんが一緒でも、安心して温泉旅館を楽しみたい方へ」
「家族でお部屋食、お部屋の温泉でくつろげる赤ちゃんプランはいかがですか？」

その他にも、「お客様の声」「選ばれている理由」「不安対策」など、「A4」1枚アン

図19

三河屋旅館さんの「赤ちゃんプラン」ホームページ

Before

Change!

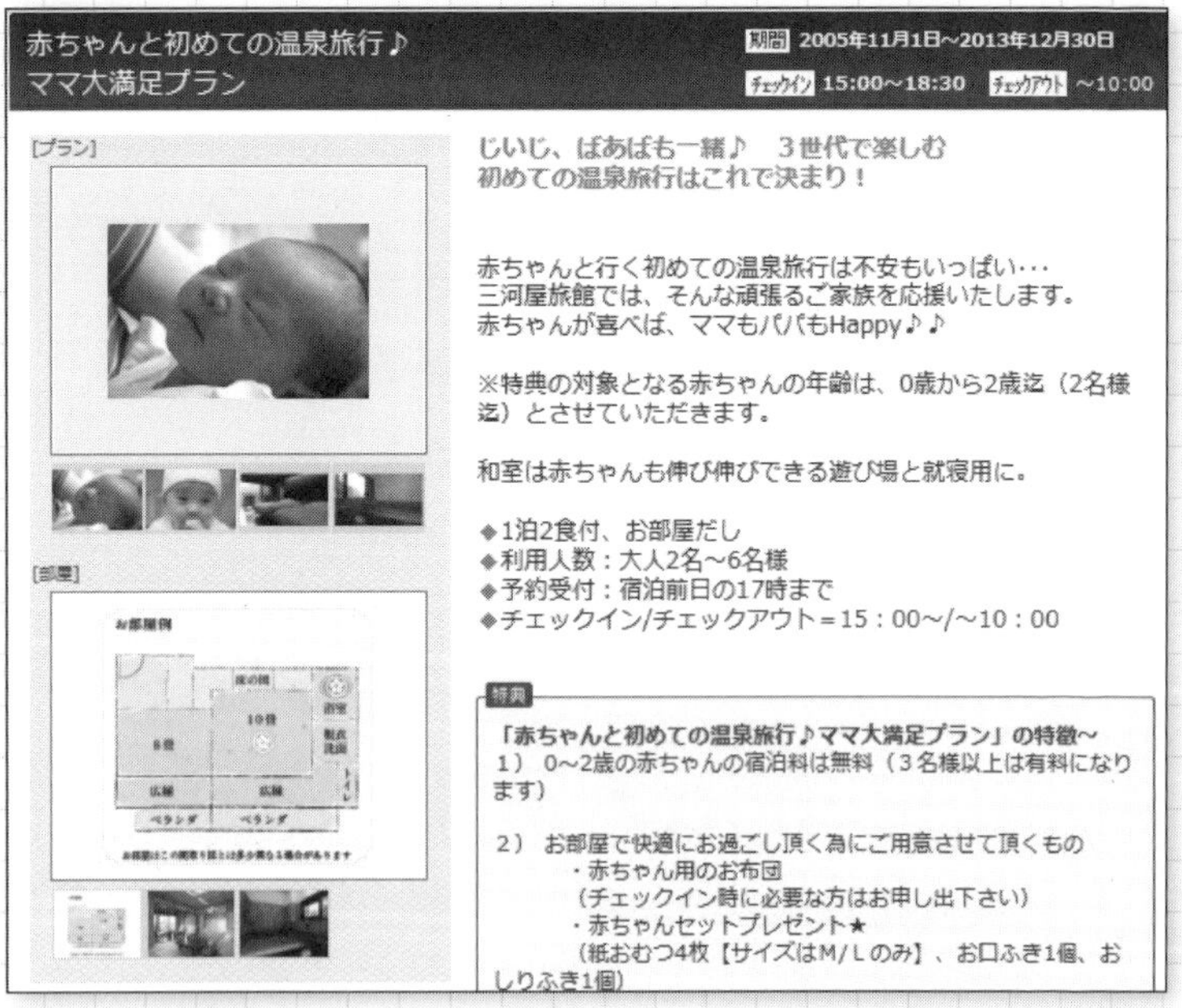
赤ちゃんと初めての温泉旅行♪
ママ大満足プラン
期間 2005年11月1日～2013年12月30日
チェックイン 15:00～18:30 チェックアウト ～10:00
[プラン]
[部屋]
じいじ、ばあばも一緒♪　３世代で楽しむ
初めての温泉旅行はこれで決まり！
赤ちゃんと行く初めての温泉旅行は不安もいっぱい・・・
三河屋旅館では、そんな頑張るご家族を応援いたします。
赤ちゃんが喜べば、ママもパパもHappy♪♪
※特典の対象となる赤ちゃんの年齢は、0歳から2歳迄（2名様迄）とさせていただきます。
和室は赤ちゃんも伸び伸びできる遊び場と就寝用に。
◆1泊2食付、お部屋だし
◆利用人数：大人2名～6名様
◆予約受付：宿泊前日の17時まで
◆チェックイン/チェックアウト＝15：00～/～10：00
特典
「赤ちゃんと初めての温泉旅行♪ママ大満足プラン」の特徴～
1）0～2歳の赤ちゃんの宿泊料は無料（３名様以上は有料になります）
2）お部屋で快適にお過ごし頂く為にご用意させて頂くもの
・赤ちゃん用のお布団
（チェックイン時に必要な方はお申し出下さい）
・赤ちゃんセットプレゼント★
（紙おむつ4枚【サイズはM/Lのみ】、お口ふき1個、おしりふき1個）

アンケートを取る前のホームページでは「じいじ、ばあばも一緒♪　３世代で楽しむ初めての温泉旅行はこれで決まり！」というキャッチコピーを掲載していた。

After

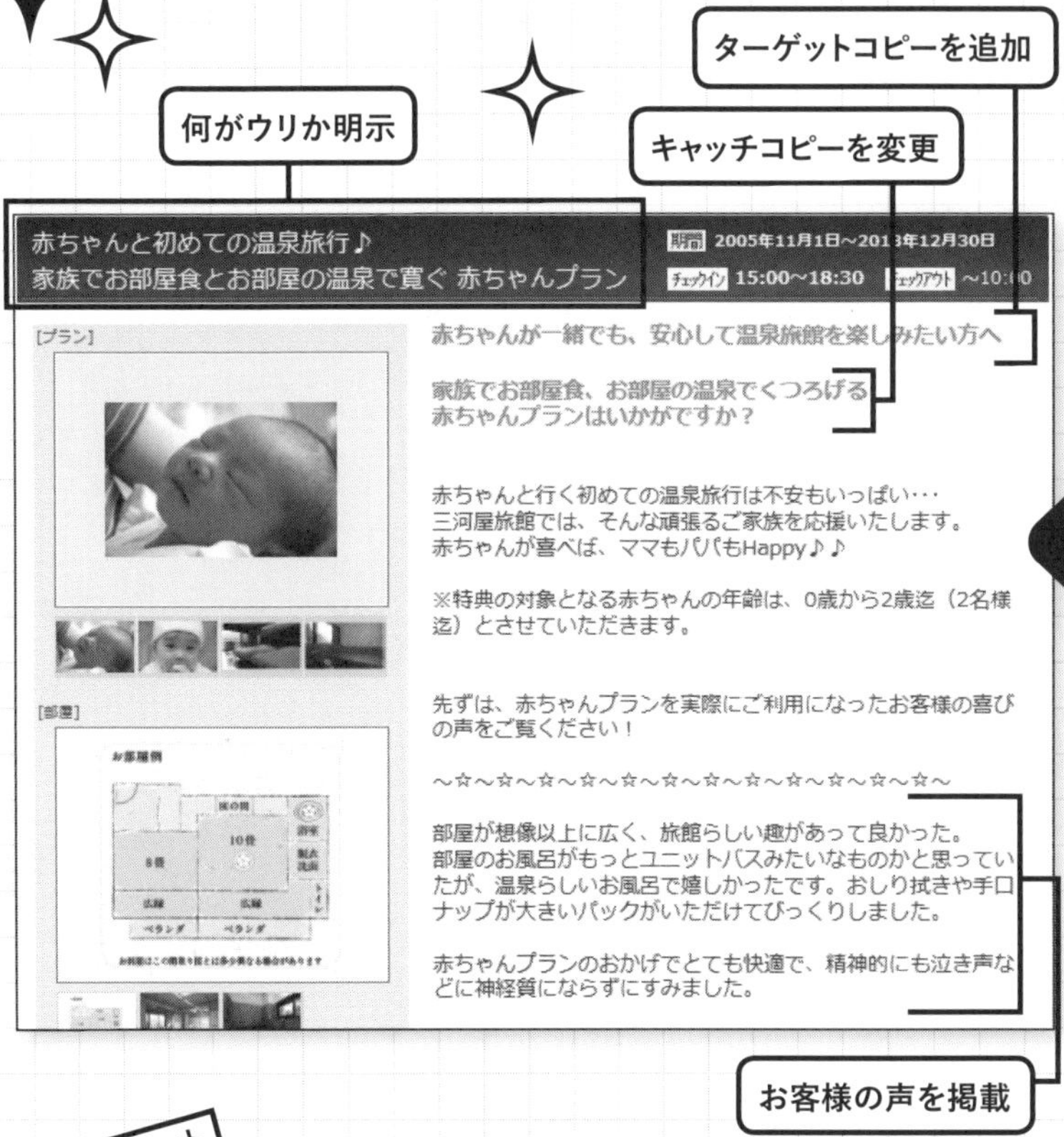

ターゲットコピーを追加
何がウリか明示
キャッチコピーを変更
赤ちゃんと初めての温泉旅行♪
家族でお部屋食とお部屋の温泉で寛ぐ 赤ちゃんプラン
期間 2005年11月1日～2013年12月30日
チェックイン 15:00～18:30 チェックアウト ～10:00
[プラン]
赤ちゃんが一緒でも、安心して温泉旅館を楽しみたい方へ
家族でお部屋食、お部屋の温泉でくつろげる
赤ちゃんプランはいかがですか？
赤ちゃんと行く初めての温泉旅行は不安もいっぱい･･･
三河屋旅館では、そんな頑張るご家族を応援いたします。
赤ちゃんが喜べば、ママもパパもHappy♪♪
※特典の対象となる赤ちゃんの年齢は、0歳から2歳迄（2名様迄）とさせていただきます。
[部屋]

お部屋例
先ずは、赤ちゃんプランを実際にご利用になったお客様の喜びの声をご覧ください！

～☆～☆～☆～☆～☆～☆～☆～☆～☆～☆～☆～☆～☆～☆～☆～

部屋が想像以上に広く、旅館らしい趣があって良かった。

部屋のお風呂がもっとユニットバスみたいなものかと思っていたが、温泉らしいお風呂で嬉しかったです。おしり拭きや手口ナップが大きいパックがいただけてびっくりしました。

赤ちゃんプランのおかげでとても快適で、精神的にも泣き声などに神経質にならずにすみました。

お客様の声を掲載

ワンポイント

写真とレイアウトはそのままだが、「キャッチコピー」や「お客様の声」以外にも「選ばれている理由」「不安対策」なども組み込み、予約件数が前年同月比で 1.5 倍に増加。

ケート広告作成法の8つのパーツ※をすべて組み込んだところ、「赤ちゃんプラン」の予約がどんどん増えていき、予約件数が前年同月比で1・5倍にもなりました。ホームページのレイアウトは一見すると同じですが、文面を変えただけで大きな効果が表れたのです。

価格競争に陥っていたプランも2カ月先まで満室に

「A4」1枚アンケートの効果がわかったので、今度は価格競争に陥ってなかなか売上が上がらなかった宿泊プランのテコ入れにアンケートを活用することにしました。

同旅館の露天風呂付き客室は、周辺の旅館やホテルも同じように導入することによって供給が過剰となり、価格競争にさらされていました。空室が出ることもあったため、少しでも宿泊稼働率を向上させようと、価格を下げて販売していました。

当初、ホームページには次のように掲載されていました。

「テラス露天風呂でお二人だけの大切な時間を」と書かれており、その後にお部屋の紹介が続きます。一見すると、お部屋の魅力が十分伝わっているような感じもしますが、それだけではお客様が宿泊しようという気にならなかったようです。

そこで、「A4」1枚アンケートを取ってみました。

「Q1：この部屋をご利用される前は、どんなことをお考えでしたか？」の答えには、「露天風呂が付いている部屋でゆっくりと寛ぎたい」と書いてありました。

「Q5：実際に宿泊されてみていかがですか？」には、「心が和む空間、ゆったりと過ごす時間、日々の生活では味わうことのできない一時です」「時間を気にせずお風呂に入れました。お食事もとても美味しかったです」「お部屋の露天風呂が気持ち良かった。何度も入ってしまいました」など、ゆっくりできるといったお客様の声が多く聞かれました。

二人きりの大切な時間というより、「ゆっくり」を重視していることがわかったのです。

その声をもとにホームページの文章を変えたのが図20のアフターです。

タイトルには「露天風呂が付いているお部屋でゆっくりと寛ぎたい方へ」と書き、その下に「寛ぎの時間を過ごしてみませんか？」と入れ、さらにその下に「まずは、実際にご

※「A4」1枚アンケート広告作成法の8つのパーツは228～236ページをご覧ください。

図20

三河屋旅館さんの「テラス露天風呂付き客室プラン」HP

Before

霞館　テラス露天風呂付き客室「花」
基本プラン

期間 2005年11月1日~2015年5月24日
チェックイン 15:00~18:30　チェックアウト ~10:00

[プラン]

テラス露天風呂でお二人だけの大切な時間を

霞館1階のテラス露天風呂付客室で当館人気NO.1のお部屋でございます。目の前には庭園が広がり、春はつつじや新緑を、そして秋には鮮やかな紅葉を見ながら源泉掛け流しの露天風呂をお楽しみいただくことができます。 花をモチーフにした内装が好評の、ご夫婦、カップルにおすすめのお部屋でございます。

露天風呂からお花見や森林浴がお楽しみいただけます。お部屋の露天から見るつつじや新緑も風流です。（つつじの見頃は例年５月上旬ごろ）

[部屋]

[部屋タイプ]　定員 2~4名様

和室　霞館　テラス露天風呂付き客室「花」

~「霞館　テラス露天風呂付き」の特徴~
1）10畳和室　一室あたり2名~4名様
2）天然温泉、源泉賭け流しのテラス露天風呂付
2）お花をモチーフにした内装が女性に好評！カップルにもお薦め。
3）トイレあり（ウォッシュレット付き）

設備　：　テラス露天風呂・ウォッシュレット・冷暖房・テレビ・ミニバー・ドライヤー・髭剃り・歯ブラシ・歯磨き粉・浴衣・ブラシ・バスタオル・ハンドタオル・シャンプー・リンス・ボディーソープ
※ウォッシュレットはTOTOの登録商標です

◆客室の詳細ページはこちらから

Change!

お部屋の魅力が十分伝わっているようにも見えるが、露天風呂付き客室は供給過剰となっていることもあり、売上がなかなか上がらなかった。

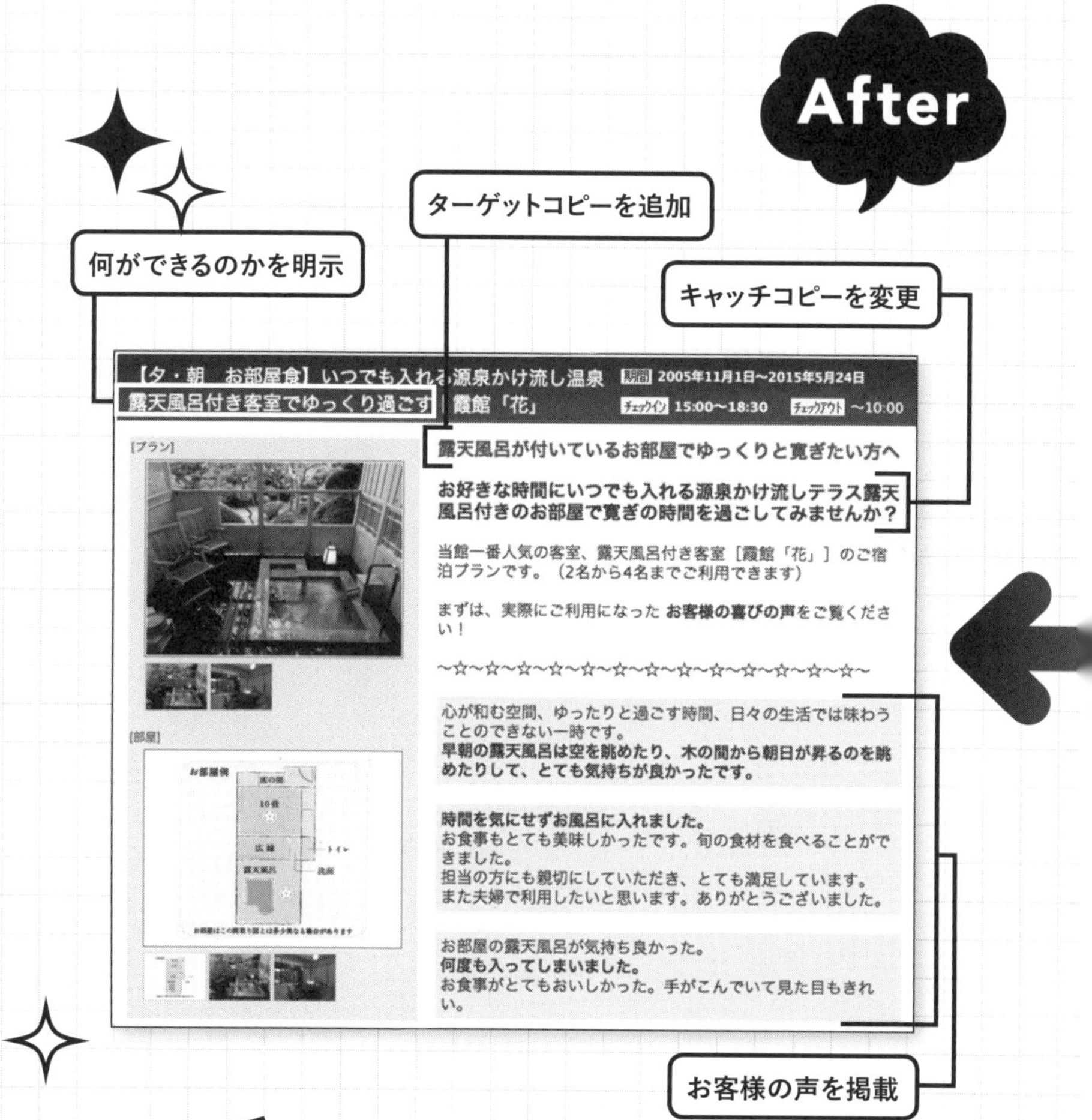
After
何ができるのかを明示
ターゲットコピーを追加
キャッチコピーを変更
【夕・朝　お部屋食】いつでも入れる源泉かけ流し温泉
露天風呂付き客室でゆっくり過ごす｜霞館「花」
期間 2005年11月1日〜2015年5月24日
チェックイン 15:00〜18:30　チェックアウト 〜10:00
[プラン]
[部屋]

露天風呂が付いているお部屋でゆっくりと寛ぎたい方へ
お好きな時間にいつでも入れる源泉かけ流しテラス露天風呂付きのお部屋で寛ぎの時間を過ごしてみませんか？

当館一番人気の客室、露天風呂付き客室［霞館「花」］のご宿泊プランです。（2名から4名までご利用できます）

まずは、実際にご利用になった お客様の喜びの声をご覧ください！

〜☆〜☆〜☆〜☆〜☆〜☆〜☆〜☆〜☆〜☆〜☆〜☆〜

心が和む空間、ゆったりと過ごす時間、日々の生活では味わうことのできない一時です。

早朝の露天風呂は空を眺めたり、木の間から朝日が昇るのを眺めたりして、とても気持ちが良かったです。

時間を気にせずお風呂に入れました。

お食事もとても美味しかったです。旬の食材を食べることができました。

担当の方にも親切にしていただき、とても満足しています。

また夫婦で利用したいと思います。ありがとうございました。

お部屋の露天風呂が気持ち良かった。

何度も入ってしまいました。

お食事がとてもおいしかった。手がこんでいて見た目もきれい。

お客様の声を掲載

ワンポイント

露天風呂付き客室でゆっくりしたいというお客様の声をホームページに反映。その他にも「選ばれている理由」「不安対策」などを加えたところ、2カ月後まで満室となった。

利用になったお客様の喜びの声をご覧ください！」と、Q5の感想を掲載しました。

ホームページをこの内容にしたところ、変更後1カ月目で前年同月比約1・3倍の予約数となり、2カ月後まで満室という結果がもたらされたのです。

強みを発揮して3倍超の予約数を達成！

三河屋旅館さんは創業明治16年の老舗旅館で、館内には大正時代に建てられた「松竹館」という建物があります。かつてはこの建物に、日本画家の竹久夢二や、中華民国の父といわれる孫文などが宿泊したのですが、なかなか予約が埋まらず、1年を通して稼働率の低さが問題になっていました。


そこで、ここでも「A4」1枚アンケートを取ってみました。もちろん、やり方は今までと同じです。松竹館をご利用になったお客様にアンケートをお願いしました。

「Q1：松竹館に宿泊される前は、どんなことをお考えでしたか？」の答えには「国登録有形文化財に指定された部屋に泊まってみたかった」という人が多いことがわかりました。

この部屋に泊まろうと思ったお客様は、誰が泊まったのかは重要ではなく、どういう建物なのかにポイントを置いていました。これでは、竹久夢二や孫文など歴史的有名人が宿泊したことをいくらアピールしても反響がないはずです。

そこで、ターゲットとするお客様に響くように、「国登録有形文化財の露天風呂付客室でお部屋食をしたい方へ」と変更することに決めました。

また、「Q5：実際に宿泊されてみていかがですか？」の答えに「ゆっくり静かなひとときを過ごすことができました」と感想が書いてあったので、「三河屋旅館で最も歴史ある純和風のお部屋でゆっくりと静かなひとときを過ごしませんか？」と変更しました。

それが図21のアフターです。

このようにホームページを変更したところ予約件数が1カ月目で前年同月比約3・3倍、2カ月目には約3・8倍まで増えることになったのです。

このように「A4」1枚アンケートに書かれているお客様の言葉をそのまま反映していくことで、あらゆるプランの予約増につなげることができたのです。

図21

三河屋旅館さんの「松竹館プラン」HP

Before

変更前のキャッチコピー

Change!

【大人限定】　大正浪漫の松竹館８号室
基本プラン　～漆塗り露天風呂付き客室～
期間 2008年4月26日～2015年5月24日
チェックイン 15:00～18:30　チェックアウト ～10:00
[プラン]
[部屋]

竹久夢二や孫文が泊まったお部屋で大正ロマンに浸る…

大正時代のお部屋はそのままに、漆塗りの檜の部屋露天と室内シャワーブースを新設。大正浪漫の旗手・竹久夢二や中国近代化の祖・孫文が泊まったお部屋と、源泉かけ流しの部屋露天で大正ロマンにひたれるお部屋ございます。

「和」を大切にした違いの分かる大人のための空間です。

松竹館には、大正時代の大工の技がつまっています。

昔の建築に興味のある方や、大正ロマン好きに特におすすめする違いのわかる大人の空間です。古き良き日本を満喫し、しばしの時間旅行をお楽しみ下さい。
※※※※※※　ご注意　※※※※※※
必ずお読みいただき、ご理解いただいた上でご予約ください。
※８号室の露天風呂は漆塗りのため、「うるし」アレルギーの方はご利用になれません。ご注意ください。
また「うるし」に敏感な方もご利用をお避けください。
※松竹館は木造で音が他のお部屋に響きやすいため、お子様のご宿泊をお断りさせていただきます。
※松竹館と他館（霞館、月梅館、鳳来別亭「離れ」、「九重荘」）のお部屋の同グループ宿泊は、全てお断りさせていただいております。
※インターネットから他館と同グループでご予約いただいた場合、ご予約は無効となりますのでご了承ください。

アンケートを取る前は竹久夢二や孫文といった歴史的有名人が宿泊した部屋であることをアピールしていたが、なかなか予約が埋まらなかった。

After

ターゲットコピーを追加
【夕・朝 お部屋食】国登録有形文化財 露天風呂付のお部屋で静かなひとときを｜松竹館８号室【大人限定】
期間 2008年4月26日～2015年5月24日
チェックイン 15:00～18:30 チェックアウト ～10:00
[プラン]
国登録有形文化財の露天風呂付客室でお部屋食をしたい方へ
三河屋旅館で最も歴史ある純和風のお部屋でゆっくりと静かなひとときを過ごしませんか？

松竹館は大正建築の建物で、当時の大工の技がつまっています。

平成２３年には国登録有形文化財（建造物）に指定され、
昔の建築に興味のある方や、大正ロマン好きに支持されている大人の空間です。

古き良き日本を満喫し、しばしの時間お楽しみください。

変更後のキャッチコピー
[部屋]

では、まずは、松竹館８号室へ実際にお泊りになったお客様の喜びの声をご紹介します！

～☆～☆～☆～☆～☆～☆～☆～☆～☆～☆～☆～

年月を重ねた建造物を愛情といつくしみをもって大切に継承しようとしていることに尊敬の念を感じました。

又料理がとても美味でした。特におだしが最高でした。

ありがとうございました。

皆さんの言葉遣いが良く、客室の風呂が何とも言えず最高でした！！

三河屋さんの雰囲気も、自分たち夫婦が好きな、古くかっこいい建物で良かったです。

お客様の声を掲載

ワンポイント

「国登録有形文化財に指定された部屋に泊まってみたかった」というお客様の声が多かったので、キャッチコピーを一新。予約件数は２カ月目には前年同月比3.8倍に！

展開例3

1イベントの成功を他イベントの成功につなげたホテル

レストランの使い方をアピール

プラザホテル板倉さんは、北海道の札幌からJRで約1時間の深川駅のすぐ近くにあるホテルです。スイートルームなど賓客対応設備を整えており、深川市唯一のホテルということをアピールしてきました。

代表取締役社長の板倉大さんは、札幌市で開催された「A4」1枚アンケート実践勉強会に参加されて、その効果を実感。さっそくホテルの広告づくりにアンケートを活用することにしました。

最初に取りかかったのは、ホテルが運営する「イルムの丘　聖マーガレット教会」に併設されているレストラン「マザーズカントリー」の広告でした。

図22

プラザホテル板倉さんの「お盆ランチバイキング」チラシ(Before)

Before

Restaurant Mother's Country
レストラン マザーズカントリー
「道の駅」から車で３分。景色の良い深川の名所の一つです。
レストランマザーズカントリー
『今まで食べたバイキングの中で
一番美味しい』とのお声もいただいている
お盆ランチバイキング2013
8月14日(水)～8月17日(土)11:30 オープン
ラストオーダー 14:30
今年もお盆は大好評のランチバイキングを行います！！
約３０品目をご用意いたします。
おとな 1,580円
4才～小学生まで 790円
3才以下 無料
ドリンクバー 210円
新メニューもぞくぞく登場！
デザートもたくさんあり、楽しめます！
☆ お客様より頂きましたお声です。☆
「いろいろな種類があって楽しめた。」
「毎年帰省の度に楽しみに来ています。」
「お盆の間に、待たずに食べれて良かった。」
などなど
皆様のお越しを
心よりお待ちして
おります！
ランチ 11:30～15:00(LO14:30)
ディナー 17:00～20:30(LO20:00)

当初のチラシは「『今まで食べたバイキングの中で一番美味しい』とのお声もいただいている」と美味しさをアピールしていた。

このレストランは、化学調味料を一切使わず、つくり方にこだわっているので、お客様も美味しい料理を食べたいからとリピーターになってくれているものだと、板倉さんは考えていました。

当初のチラシは前ページ図22のようなものでした。

ところが、アンケートを取ってみると、少し異なる答えが返ってきたのです。

「親子3世代で集まったときに、皆が満足する料理を食べられる」

「祖父母も孫も、好き嫌いなく食べられる料理があるのは、このレストランだけ」

「美味しい」というキーワードだけではなく、「みんなが満足」「みんなが好き嫌いなく食べられる」というキーワードが多かったのです。

ゴールデンウィークやお盆などの連休に久しぶりに家族が集まったとき、家族みんなが満足できるというのがお客様の要望です。このレストランのリピーターになってくださっているお客様は、そうした要望を満たしてくれるから何度も来店してくださっているということがわかったのです。

図23

プラザホテル板倉さんの「お盆ランチバイキング」チラシ（After）

After
ターゲットコピーを変更
「年代を超えて家族みんなが笑顔になる」と伝えた
久しぶりに会う大切な家族とおいしく楽しく食事をしたい方へ
レストランマザーズカントリー
お盆 ランチバイキング
バイキングはたくさん食べられるけど、味がイマイチだと思っていませんか？レストラン マザーズカントリーのバイキングは
たくさん食べられるだけじゃなく、年代を超えて家族みんなが笑顔になる味もおいしいランチバイキングです！
8/13(水)14(木)15(金)16(土)17(日)の5日間のみ！
時間 11:30〜15:00（14:30 ラストオーダー）
料金 大人：1,780円(税込)／子供 890円(税込)
ドリンクバー 220円(税込)
テーマ：旬の地場産野菜とフルーツを使った
お魚とお肉のコラボレーション料理
メニュー：ハーブローストチキンと野菜のコラボ
白身魚のフライ タルタルソースグレープフルーツ風味
etc...
ランチバイキングが選ばれている理由
①ここでの結婚式の料理がおいしかったから
②羊がいるのんびりとした景色を見ながら食事ができるから
③化学調味料を使ってないから！
お客様の声
・この辺りでは食べられない本格的なお料理がどれも全ておいしかったです！この価格は大変お得だと感じました。
・バイキングなのに普段の単品料理と変わらずすごくおいしかったです！
・デザートも豊富で女性には嬉しいです。和洋中と楽しめてよかったです！
・バイキングはあまり好きではないけど今日はおいしかった！チョコフォンデュもあり楽しかったです。
Q&A
Q：予約はできますか？
A：AM11：30のスタート時のみ予約可能です。
食事の時間制限などはございません。
予約の受付はAM8：30〜PM7：00です。
火曜日は定休日となっております。
また、8月9日は結婚式のため臨時休業させていただきます。
Q：お盆の時期以外やディナーでバイキングは食べられますか？
A：お盆の期間とゴールデンウィークだけの限定イベントです。この期間にどうぞ！
料理の品数は20品以上！毎年恒例のイベントです！
彩り野菜からデザートまで豊富に取り揃え女性にも好評です！
レストランマザーズカントリーは、地元深川のおいしいものを
味わっていただきたい思い、『地産地消』をテーマにしています
イルムの丘
レストラン マザーズカントリー ご予約：
火曜定休日 営業時間 11:30〜15:00(14:30LO)/17:00〜20:30(20:00LO)※ディナーは前日迄の完全予約制

ワンポイント

お客様にアンケートを実施し、その声を反映したチラシ。ゴールデンウィークのイベントで配布したところ、その年のお盆には前年同月比 1.5 倍の売上を達成した。

そこで、そうしたお客様の声を反映したチラシにつくり替えることにしました。ターゲットコピー（対象となる人に呼びかける文章）に「久しぶりに会う大切な家族とおいしく楽しく食事をしたい方へ」と書いて、タイトルの「お盆ランチバイキング」の下に「年代を超えて家族みんなが笑顔になる」と伝えました。

ゴールデンウィークのイベントでこのチラシを配布したところ、その年のお盆には前年同月比1・5倍の売上を達成し、行列ができるまでになりました。

丘の上のチャペルコンサートが満席に！

「A4」1枚アンケートの効果をあらためて実感した板倉さんは、丘の上のチャペルで主催しているイベントのチラシに応用することにしました。

同ホテルで展開している「イルムの丘　聖マーガレット教会」は、チャペル（礼拝堂）とマナーハウス（邸宅）からなっており、イギリス人建築家が設計した本格的な英国風教会です。イルムケップ山の麓《ふもと》に位置するチャペルで、イギリスの牧草地帯を思わせる、最高のロケーションになっています。

また、チャペルにはパイプオルガンもあるため、同教会の挙式で賛美歌を歌う聖歌隊による、100人以上を集める大規模なコンサートも開催しています。

ところが、年々100人以上のお客様を集めることが難しくなってきて、困っていました。

当初のチラシは、名門の国立音楽大学声楽科を卒業したソプラノ歌手のことをアピールしていました。ところが、リピーターのお客様に「A4」1枚アンケートを取ってみると、実際には次のような声が多かったのです。

「Q1：コンサートに参加される前は、どんなことをお考えでしたか？」の答えには「癒しを求めていた」と書く人が多いことがわかりました。そして「Q5：実際にコンサートに参加されてみていかがですか？」の答えには「コンサートの歌声で、ものすごく心が洗われ、癒された」など、癒されたと書く人が多いことがわかりました。

お客様は、心が洗われる、癒されると思っている人が多かったのです。そこで、「感動で心が洗われるようないやしを求めている女性の方へ」とターゲットコピー（対象となる人に呼びかける文章）を入れ、その下には「涙する感動の歌声に、いやされてみませんか」とキャッチコピー（参加のメリット・ベネフィットが伝わる文章）を入れたのです。

図24

ノスタルジック・コンサートの集客チラシ

Before

Change!

Nostalgic Concert 2014
10th Anniversary
ソプラノソリスト
菊入三恵
Mie Kikuiri
香川県高松市出身。
国立音楽大学部声楽科卒業。
NHK交響楽団と共演。
クラシックのみならずジャンルを越えて童謡、
ポピュラー、演歌等も唄う実力派。
良いものはどこで聴いても心を動かす力を
持つというポリシーのもと、地域の人にも
音楽の豊かさを味わって欲しいと
地道な活動を続けている。
ピアノ ／ 鹿野友代
Tomoyo Kano
2014年6月13日（金）
PM6：30 開演(PM6:00開場)
≪Program≫
Openning
アレルヤ モーツァアルト
（モテット 踊れ喜べ 汝幸なる魂よ K165より）
春から夏へ
荒城の月 （三枝成章 編曲）
夏は来ぬ （三枝成章 編曲）
Classics 世界うたの旅
アルビーニのアダージョ ～ ジュ.トゥ.ヴ
オラトリオ「パウルス」より エルサレム メンデルスゾーン
オラトリオ「エリアス」より 聴けエルサレム メンデルスゾーン
Enjoy Pops
恋のフーガ （ザ・ピーナッツ）
異邦人 （久保田早紀）
難破船 （中森明菜）
「アナと雪の女王」より Let It Go ～ありのままで～
ミュージカル「レ・ミゼラブル」より 夢やぶれて
からたちの小径 （島倉千代子）
イルムの丘 聖マーガレット教会 礼拝堂
入場料（チケット予約制）
大人 1,500円(税込)
学生（小学生～大学生）1,000円(税込)
≪ご予約お問い合わせ≫
イルムの丘 聖マーガレット教会 （主催）
※送迎バスをご希望のお客様は、
ご予約の際にご相談くださいませ。
コンサート当日のみスペシャルディナーをご用意いたしました！
詳しくはお問い合わせくださいませ☆

2014年のチラシではソプラノ歌手のお名前と写真を大きく打ち出し、名門の国立音楽大学を卒業していることも目立つ位置に掲載していた。

After

キャッチコピーに「癒される」という声を反映

ターゲットコピーを挿入

感動で心が洗われるようないやしを求めている女性の方へ
自然の中にある教会のコンサートに行って、日常を忘れ
涙する感動の歌声に、いやされてみませんか
Nostalgie Concert 2015 11th
「感動の歌声に心が洗われました」という喜びのお声をたくさんいただいてます
ソプラノソリスト Mie Kikuiri
菊入 三恵
ピアノ 鹿野 友代
「クリスタルスクエア
コンサート」
生きがい文化センター
ロビーホール（2015.5.2）
ノスタルジックコンサートが選ばれる3つの理由
コンサートに参加しようか迷っている時によくあるご不安
Program
Openning
~Verdiに寄せて~
寂しい部屋で
哀れな男
ああ悲しみの聖母様
初夏への想い
はっか草 peppermint
（千原英喜 作曲）
故郷 ・ふるさと・
Nostalgic Song
喝采（ちあきなおみ）
雨の慕情（八代亜紀）
セカンド ラブ（中森明菜）
みだれ髪（美空ひばり）
Finale
オペラ「椿姫」よりヴィオレッタのアリア
さよなら過ぎ去った日々よ（Verdi）
2015 6.26〈金〉
PM6:30 開演（PM6:00 開場）
イルムの丘 聖マーガレット教会 礼拝堂
入場料（チケット予約制・ドリンク付き）
大人：1,500円(税込) 学生：1,000円(税込)
ご予約
お問合わせは
お早めに!
イルムの丘 聖マーガレット教会（主催）
（後援：イルムの丘の菓子工房 クレアドルシェ「季の恵」）

ワンポイント

アンケートでお客様の声を集めたところ、「癒し」を求めて参加している方々が多かった。それを反映したのが 2015 年のチラシ。

今まで集客で苦しんでいたのに、チラシをつくり直したところ、あっという間にチケットが売り切れました。お客様の声をきちんと広告に反映すれば、こんなにも反応が変わるということを実感したそうです。

展開例4

1店の成功を別業態店の成功につなげた飲食店

広告のプロが「A4」1枚アンケートを導入した理由

北海道札幌市で立ち飲み屋を中心に7店舗を展開しているChoiプランニングさん。同社が売上を大きく伸ばした要因も「A4」1枚アンケートにありました。

Choiプランニングさんは札幌の歓楽街「すすきの」から地下鉄南北線で6分ほどの平岸というところに、2008年に「立喰酒場Choi」をオープンしました。

オーナーの小笠原修平さんは10年以上も広告代理店に勤めていた経験があり、広告づくりには自信がありました。お店を切り盛りしながら販促にも力を入れ、5年間で3店舗を構えるまでに業容を拡大したのです。

ところが、お店が増えるにつれて、ある悩みが大きくなっていきました。その悩みとは、自分の感性のままにつくるチラシを各店舗の店長がマネできないということです。広告代理店時代に培った販促手法やマーケティングの考え方を店長に理解してもらうのは、一朝一夕にできることではありません。それをどう伝えるかで悩んでいたといいます。

そんなとき、「Ａ４」１枚アンケート実践勉強会が札幌で開催されると聞き、小笠原さんは参加。広告のつくり方を知らない店長でも反響の出る広告をつくることができる手法に共感し、さっそく実践することに。

お客様の声からわかったこと

当初、「立喰酒場Ｃｈｏ・ｉ」でつくっていたのが図25のチラシです。

このチラシからもおわかりのように、場所のアピールは積極的にしているものの、理想となるお客様像が今ひとつ不明確です。お客様像がモヤモヤしていると、お店の良さが伝わりにくくなってしまいます。

そこで「Ａ４」１枚アンケートを店長に渡して、まずは常連のお客様にアンケートをお願いしてみました。

アンケートには、次のようなことが書かれていました。

図25

Choiプランニングさんの集客チラシ（Before）

Before

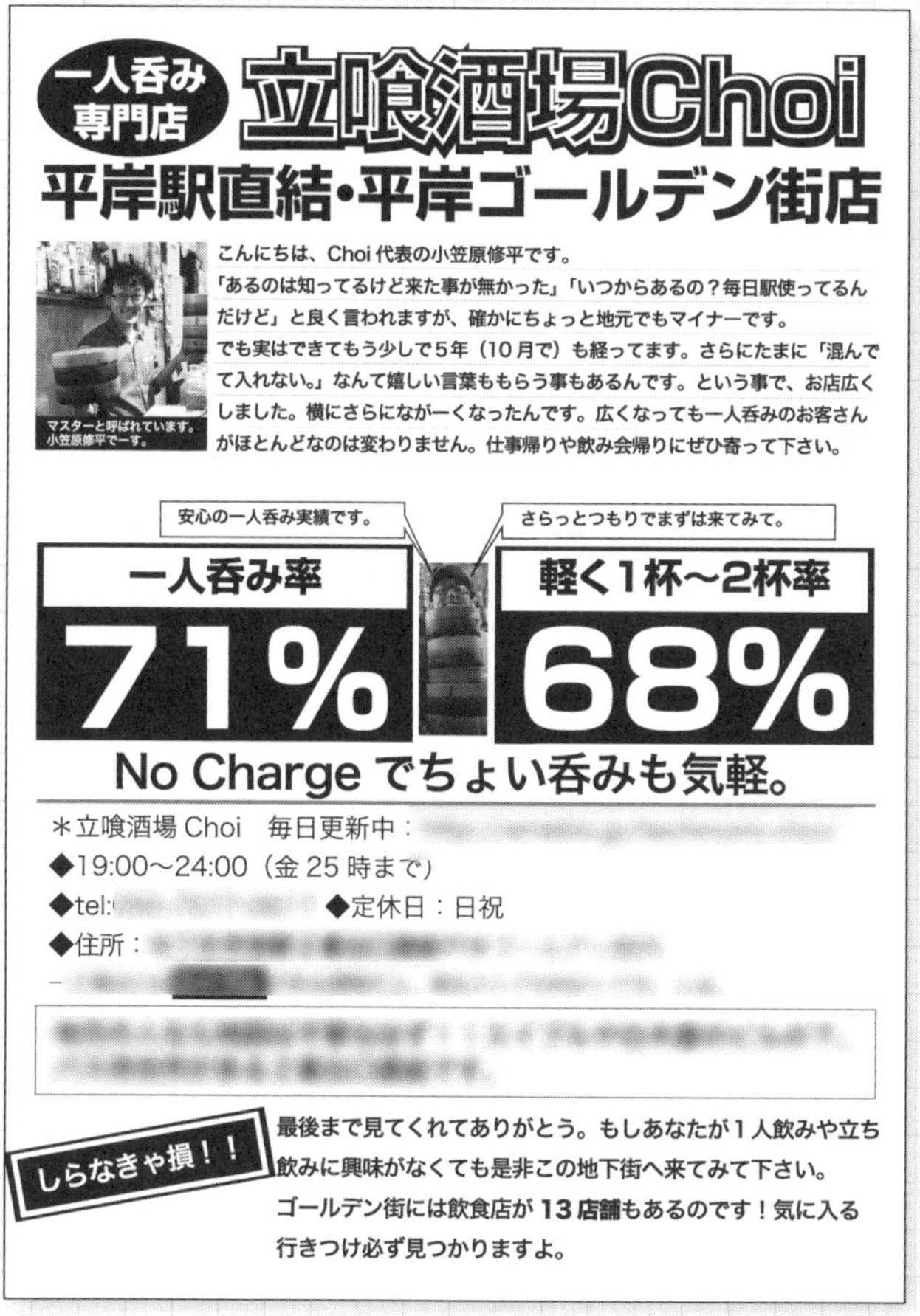
一人呑み専門店
立喰酒場Choi
平岸駅直結・平岸ゴールデン街店
こんにちは、Choi 代表の小笠原修平です。
「あるのは知ってるけど来た事が無かった」「いつからあるの？毎日駅使ってるんだけど」と良く言われますが、確かにちょっと地元でもマイナーです。
でも実はできてもう少しで5年（10月で）も経ってます。さらにたまに「混んでて入れない。」なんて嬉しい言葉ももらう事もあるんです。という事で、お店広くしました。横にさらにながーくなったんです。広くなっても一人呑みのお客さんがほとんどなのは変わりません。仕事帰りや飲み会帰りにぜひ寄って下さい。
マスターと呼ばれています。小笠原修平でーす。
安心の一人呑み実績です。
さらっとつもりでまずは来てみて。
一人呑み率
71%
軽く1杯〜2杯率
68%
No Charge でちょい呑みも気軽。
＊立喰酒場 Choi　毎日更新中：
◆19:00〜24:00（金 25 時まで）
◆tel:
◆定休日：日祝
◆住所：
しらなきゃ損！！

最後まで見てくれてありがとう。もしあなたが1人飲みや立ち飲みに興味がなくても是非この地下街へ来てみて下さい。

ゴールデン街には飲食店が13店舗もあるのです！気に入る行きつけ必ず見つかりますよ。


当初はモノクロのチラシで、「一人呑み率」や「軽く1杯〜2杯率」の高さを目立つように打ち出していた。

Q１：立喰酒場Ｃｈｏｉに来店される前は、どんなことをお考えでしたか？
A１：飲み会や仕事帰りに気軽に一人で行ける、近所の呑み屋を探していました。
Q２：立喰酒場Ｃｈｏｉを何で知りましたか？
A２：手渡しでチラシをもらった。
Q３：立喰酒場Ｃｈｏｉを知ってすぐに来店されましたか？されなかった方は、どのような不安がありましたか？
A３：他の人と仲良くできるか不安だった。
Q４：何が決め手となって立喰酒場Ｃｈｏｉに来店されているのですか？
A４：気軽に話しやすい。
：フレンドリー。
：気分次第で帰れる。

Q5：実際に立喰酒場Ｃｈｏｉに通われてみていかがですか？
A5：一人呑みに最適。話したければ話せるし、話したくなければだまっててよし。
：女一人でも安心な店です。お客さん含め、人との距離感が良く、長居するのもざっくり帰るのも、楽しく送り出してもらえます。
：一人呑みできる店を見つけてすごくうれしかったです。酔ってもなぜか安心できるのはヤバいですね。

アンケートの答えを分析したところ、一人呑みをしたいけどなかなかできない人が多いということがわかったので、「近所で気軽に一人飲みできる呑み屋をお探しの方へ」とターゲットコピー（対象となる人へ呼びかける文章）を入れました。そして、お客様の声等を掲載しました。

それが次ページ図26のチラシです。

このチラシの効果によって新規のお客様が順調に増えていき、お店の売上は前年比で約1・7倍にも増えたのです。

図26
Choiプランニングさんの集客チラシ(After)

After

ターゲットコピーを追加
お客様の声を掲載
選ばれている理由を掲載
「近所で気軽に一人飲みできる呑み屋をお探しの方へ」
一人呑み率
81.3%
一人呑み専門店
立喰酒場Choiで
一人呑みデビューはいかがですか？
近所にChoiがあってよかった～!
お一人で来店のお客様の声
● 一人呑みに最適。話したければ話せるし、話したくなければだまっててよし。(引越したてのＫさん)
● 女一人でも安心な店です。お客さん含め、人との距離感が良く、長居するのもさっくり帰るのも、楽しく送り出してもらえます。(井田さん)
● 一人飲みできる店を見つけてすごくうれしかったです。酔ってもなぜか安心できるのはヤバいですね。(純子さん)
一人呑み率毎月80%オーバー!!
一人呑み客が集まるワケは?
その1 一人のお客さんがほとんどなので、お隣のお客さんとも気軽に話しやすい。
その2 居心地のよさ！一人で行ってもフリーにならない。スタッフはもちろん常連さんの新規さんへの対応もフレンドリー。
その3 一杯から何杯でも気分次第で帰れる。近所なので終電を気にしなくていい。
メニューご紹介です。No Charge だよ。
◆プレミアムモルツ 500円 ◆日本酒 500円～
◆超炭酸角ハイボール 400円 ◆ワイン 400円
◆焼酎･カクテル500円～
●小皿おつまみ各種 200円～ ●もつ煮 400円
●点心各種 450円 ●おかしとか 100円
＊もちろんメニューの一部だよ。
一人客がなんだか居心地がよくなる店内。
とにかく細長い トイレに行く時は お互い一声掛けてね。
混んだ時は奥にテーブル席もあるよ。
店内は狭いので大人の飲み方を心掛けてね。譲り合いの心を忘れずに。
平岸店の店長の石川武志です。
ブログ http://ameblo.jp/hirachoi/
https://www.facebook.com/tachinomi.choi
実はもともと Choi 澄川店に通う客でした。偶然のタイミングもあって働く事に。始めて来た人も常連さんも同じく居心地よく飲めるように心がけています。最近、日本酒に興味を持ち仕入れと称して酒屋に足を運びすぎてオーナーに怒られました。でもその甲斐あって、もともと1種類しかメニューに無かった酒が4種類に！あと超マイナーですが仏像好きです。
東光ストア
Softbank
平岸通り
ENEOS
平岸ゴールデン街
地下鉄2番出口から入ると
いかにも飲み屋街
Choi
赤い照明看板が目印。
外からも中が見えるので、のぞいてみて。
立喰酒場 Choi 平岸店
◆定休日：無休
◆18:00～25:00<18時開店になりました。>
◆
クセになる濃厚な味噌ラーメンの店
フジヤマロックの情報は裏面へ

ワンポイント

アンケートの回答をもとに「近所で気軽に一人飲みできる呑み屋をお探しの方へ」とターゲットコピーを入れ、その下に「お客様の声」や「選ばれている理由」を入れた。

別業態のお店にもアンケートを活用

「A4」1枚アンケートによってターゲットが明確になり、きちんとお店の強みを伝えられることがわかったので、小笠原さんは約1年前にオープンした別業態の店舗にもアンケートを活用することにしました。

「蒸し料理とお酒の店Ｃｈｏｉ」は、蒸し野菜の料理がメインのお店です。メニューの「6品蒸し野菜せいろ蒸し」は1日に必要な野菜がとれるということで、野菜不足のお客様に向けたチラシをつくりました。それが、次ページ図27のビフォーです。

野菜不足の人たちに向けて、せいろで蒸した野菜の写真を大きく使い、1日に必要な野菜の量も大きく目立つようにアピールしました。

このチラシを少し配ってみて、来店してくださったお客様にアンケートで同店を利用している理由を聞いてみました。すると、次のような声が聞かれたのです。

Ｑ1：蒸し料理とお酒の店Ｃｈｏｉに来店される前は、どんなことをお考えでしたか？

Ａ1：カロリーを気にせずお酒を楽しみたい。

図27

Choiプランニングさんの別業態店のチラシ

Before

蒸し料理とお酒の店
Choiのバータイム。
これを食べれば健康美人
「6品蒸し野菜せいろ蒸し」は一日に必要な野菜350gを目安に盛り付ています。
バータイム
限定メニュー
蒸し野菜盛り合わせ
900円
「野菜不足してませんか？」と聞かれて「足りてます！」
と答えられる人はそうはいないですよね。
忙しい毎日、栄養をちゃんと考えて料理する時間も限られているはず。
だから、お酒を飲みながらリラックスして、せいろで蒸した野菜を食べられれば
ほっと一息できるはず。
※といいつつ、ハンバーグやスパイシーチキンなど酒に合うジャンクフードもあります。
せいろ蒸し
蒸し鶏＆蒸し野菜３種
850円
せいろ蒸し
小籠包
450円
タジン蒸し
ココナッツスパイシーチキン
780円
ドリンク
● プレミアムモルツ・・・480円
● 角ハイボール・・・・・350円
● カクテル各種・・・・・480円
● ソフトドリンク・・・・300円
● ワイン・・・・・・・・380円
● 日本酒・・・・・・・・500円
がんばったあなたに。がんばらない時間を提供しちゃうよ。

蒸し料理をつまみに気軽に一杯。

笑顔でお待ちしてます！　店長 伊藤祐太
No Charge 飲み物だけでもOK!

ランチ情報は裏面です。

happy hourやってます！ 18:00〜19:00 ドリンクオール300円

Change!

当初は、せいろで蒸した野菜の写真をバックに敷き、一日に必要な野菜の量がとれることをアピールしていた。

After
ターゲットコピーを追加
お客様の声を掲載
カロリーを気にせずにお酒を楽しみたい方へ
蒸し料理なら沢山食べても安心。
「蒸し料理専門店のChoi」で
楽しくお酒を飲みませんか。
蒸し料理専門店 Choi
ご来店されたお客様の声
夕食に利用するので低カロリーメニューが気に入ってます。(梶原聖治さん)
いつも笑顔で迎えてくれて嬉しいです。蒸し料理が好きになりました。(M.R さん)
あっさりとした料理を食べながらチョイ呑み出来る店を探してました。料理とお店の雰囲気が来店の決め手です。(こずえさん)
野菜メニューが嬉しい。仕事の帰りに寄ってリセットしたりホッとしたりするのに居心地のよいお店だと思います。季節事の新しいメニューや企画があってわくわくさせてもらってます。(土屋香織さん)
Choi の料理が低カロリーでヘルシーな理由
その1 せいろやタジン鍋を使って蒸して調理してます。
その2 蒸すことで旨味が凝縮され、素材そのものの旨味を引き出すので、調味料による味付けは最小限にしています。
その3 調理に油をあまり使わないのでカロリーを低く抑えれます。 ※揚げ物を食べたくてもメニューにありません。
その4 お肉メニューももちろんありますが、せいろで蒸しているので余分な脂はせいろに下へ。 ※ハンバーグは肉汁命なので例外ですけど。
当店人気の蒸しメニュー
当店イチオシ
肉汁たっぷり
◆せいろ蒸し野菜メニュー (3品) 500円 (6品) 900円
◆タジン鍋蒸し焼き ほっこりハンバーグ…980円
旨みぎっしり
食感ほっこり
◆あさりの酒蒸し…600円
◆ヘルシー蒸し鶏…620円
◆小籠包…500円 ◆タジンでぐつぐつ麻婆豆腐…500円
●プレミアムモルツ……480円 ●ワイン…380円
●超炭酸角ハイボール…350円 ●カクテル各種…500円
「お昼ご飯を食べ損ねた方」「Cafeで打ち合わせをしたい方」

「美味しい珈琲を飲みたい方」「昼からお酒を飲みたい方」のための!

Cafeタイム営業始めました。14時～17時
◆タジン鍋蒸し焼きハンバーグ 980円 ライス付き
◆蒸し野菜3品&中華粥セット 980円
◆点心4種&中華粥セット 980円
オーダー毎に豆を挽いてます。おいしい珈琲 350円
Choi
蒸し野菜が200gも入ったタジン鍋ハンバーグ弁当絶賛配達中!
詳しくは裏面へ
蒸し料理とお酒の店 Choi
席だけの予約も大歓迎・お気軽にお電話ください。
バータイムクーポン
2014/8月末まで
蒸し野菜3品盛り

ワンポイント

お酒を呑んでいるときのカロリーに悩んでいるお客様向けに、チラシの内容とレイアウトを一新して売上を伸ばした。

Q5：蒸し料理とお酒の店Ｃｈｏｉを利用されてみていかがですか？

A5：夕食に利用するので低カロリーメニューが気に入っています。

：いつも笑顔で迎えてくれて嬉しいです。蒸し料理が好きになりました。

：あっさりとした料理を食べながらチョイ呑みできる店を探してました。料理とお店の雰囲気が来店の決め手です。

：野菜メニューが嬉しい。仕事の帰りに寄って、リセットしたりホッとしたりするのに居心地の良いお店だと思います。季節ごとの新しいメニューや企画があってわくわくさせてもらってます。


聞いてみてわかったのが、来店されているお客様は野菜不足で悩んでいるのではなくて、普段お酒を呑んでいるときのカロリーに悩んでいる方が多かったのです。同店を利用しているのは、カロリーを気にせずにお酒が呑めるからということでした。

そこで、チラシを次のように変えました。

「カロリーを気にせずにお酒を楽しみたい方へ」というターゲットコピー（対象となる人

へ呼びかける文章）を目立つように一番上に配置し、その下のキャッチコピー（来店のメリット・ベネフィットが伝わる文章）も「蒸し料理なら沢山食べても安心。『蒸し料理専門店のＣｈｏｉ』で楽しくお酒を飲みませんか」とわかりやすく書きました。

このチラシのおかげで、蒸し料理とお酒の店Ｃｈｏｉの売上は前月比で約１・６倍に増えました。

この事例のように、お店の経営を模索している時期には、まず自分の想いで広告をつくってみる。そしてお客様が増えてきたら、「Ａ４」１枚アンケートを取る。その結果を反映して広告を修正する。といった具合に、**アンケートを取り続けて広告を修正し続けることが業績アップの秘訣なのです。**

第4章

理想のお客様を集めるアンケートの活用法

前章では、1つの成功を大きな成功につなげた事例をご紹介しました。アンケートを一度だけで終わらせるのはもったいないということがおわかりだと思います。

この章ではさらに、「A4」1枚アンケートの質問を変えることで、「客単価を上げる」「リピーターを増やす」「休眠客を掘り起こす」など、お客様のステージに合わせて活用できる効果的な質問をご紹介していきたいと思います。

まずは第1章の「新規顧客獲得のアンケート」を思い出してください。

Q1：〇〇（商品名）を購入される前は、どんなことをお考えでしたか？

Q2：〇〇（商品名）を何で知りましたか？

Q3：〇〇（商品名）を知ってすぐに購入されましたか？されなかった方は、どのような不安がありましたか？

Q4：何が決め手となって〇〇（商品名）を購入されたのですか？

Q5：〇〇（商品名）を実際に購入されてみていかがですか？

この5つの質問をもとに、やりたいことに合わせて質問を変えていきます。

活用例1

高い商品を勧めたいなら高単価購入用「A4」1枚アンケート

高単価の商品を買ってくれた理由を探る

自社の商品やサービスをご購入いただく際に、少しでも高い商品を買ってもらいたい場合は、高単価購入用「A4」1枚アンケートを使用します。

このアンケートのポイントは「**Q4：△△（安い商品A）ではなく○○（高い商品B）を購入された理由は何ですか？**」です。安い商品よりも高い商品を選んだ決め手がわかれば、それを打ち出すことによって高価格の商品を買ってもらうことができます。

Q1：○○（商品B）を購入される前は、どんなことをお考えでしたか？
Q2：○○（商品B）を何で知りましたか？
Q3：○○（商品B）を知ってすぐに購入されましたか？されなかった方は、どのよ

うな不安がありましたか？

Q4：△△（安い商品A）ではなく○○（高い商品B）を購入された理由は何ですか？

Q5：○○（商品B）を実際に購入されてみていかがですか？

これらのアンケート結果から、次のように広告で打ち出すコンセプトをつくります。

告知媒体（Q2の回答）

△△（商品A）をご検討の方へ

（Q1の回答）と考えていませんか？

そんな方には○○（商品B）を購入されることをおすすめします。

△△（商品A）ではなく○○（商品B）をおすすめするのは、（Q4の回答）だからです。

実際にお使いの方も（Q5の回答）と言っています。

とはいっても、（Q3の回答）という点が不安ですよね。
そこで、××をご用意致しました。
ぜひご検討ください。

高額のスーツケースを売るには？

カバン屋さんでより高額なスーツケースを購入してもらいたいなら、すでにその商品を購入されたお客様に高単価購入用「A4」1枚アンケートをお願いしてみましょう。
たとえば、安いスーツケースAではなく、高いスーツケースBを買った人がいた場合。

Q1：（スーツケースB）を購入される前は、どんなことをお考えでしたか？
A1：出張の際、重いものを運ぶので、取っ手の部分が丈夫なスーツケースを探していました。

Q2：（スーツケースB）を何で知りましたか？
A2：店内で。

Q３：（スーツケースＢ）を知ってすぐに購入されましたか？されなかった方は、どのような不安がありましたか？
Ａ３：取っ手の部分がどれだけ頑丈かわからなかった。
Q４：（安いスーツケースＡ）ではなく（高いスーツケースＢ）を購入された理由は何ですか？
Ａ４：取っ手の部分がプラスチックではなく金属製で頑丈そうだったから。
Q５：（スーツケースＢ）を実際に購入されてみていかがですか？
Ａ５：取っ手を持って持ち上げても壊れないので、階段を上るときに本当に助かっています。

こうした「高単価購入用『Ａ４』１枚アンケート」から得られたお客様の声を安いスーツケースを検討しているお客様へ伝えることにより、高いスーツケースを購入してくださるお客様を増やすことができます。

店内ポスターで

スーツケースAをご検討の方へ
（重いものを運ぶので取っ手の部分が丈夫なスーツケースを探して）いませんか？

そんな方には（高いスーツケースB）をおすすめします。

なぜなら（取っ手の部分がプラスチックではなく金属製で頑丈だから）です。

実際にお使いの方も（取っ手を持って持ち上げても壊れないので、階段を上るときに本当に助かっています）と言っています。

とはいっても、（どれだけ頑丈かわからない）という点が不安ですよね。

そこで、（プラスチックの取っ手との比較表）を載せました。

ぜひご検討ください。


これで基本コンセプトが出来上がりましたので、文章を調整して広告にします。

図28

高額なスーツケースを売りたいときの広告例

店内ポスターで…

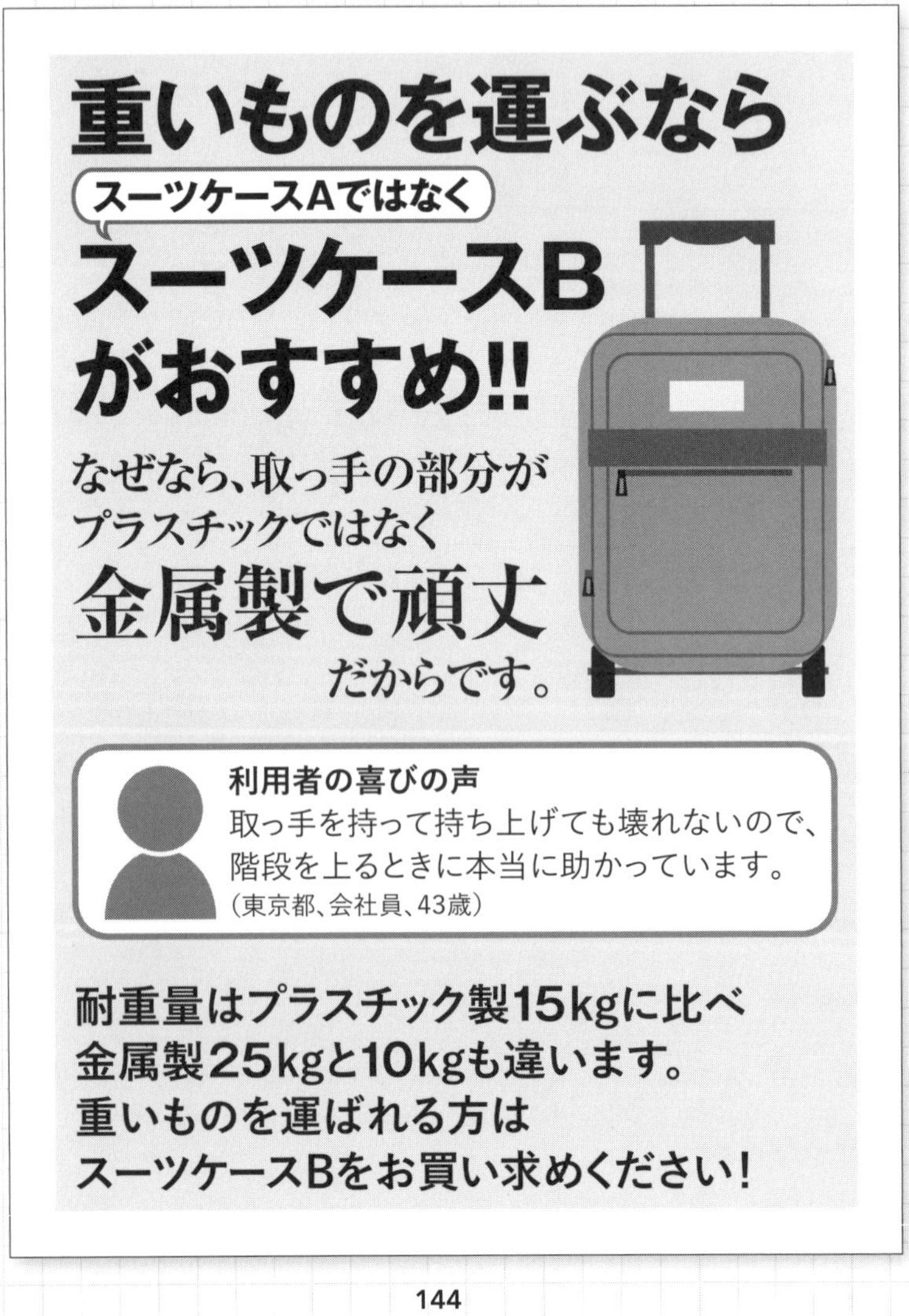
重いものを運ぶなら
スーツケースAではなく
スーツケースB
がおすすめ!!
なぜなら、取っ手の部分が
プラスチックではなく
金属製で頑丈
だからです。
利用者の喜びの声
取っ手を持って持ち上げても壊れないので、
階段を上るときに本当に助かっています。
（東京都、会社員、43歳）
耐重量はプラスチック製15kgに比べ
金属製25kgと10kgも違います。
重いものを運ばれる方は
スーツケースBをお買い求めください!

活用例2

関連買いを促したいなら同時購入用「Ａ４」１枚アンケート

同時購入してくれた理由を探る

自社の商品やサービスを購入してもらう際に、少しでもたくさん買ってもらいたければ、同時購入用「Ａ４」１枚アンケートを使用します。

このアンケートのポイントは、**「Q3：○○（商品B）を知って△△（商品A）と一緒に購入しようと思われましたか？もしそうでなかった場合は、どのような不安がありましたか？」「Q4：○○（商品B）を△△（商品A）と一緒に購入しようと思われた理由は何ですか？」**です。

同時購入する際の「不安」と「決め手」がわかれば、それを打ち出すことで同時購入してもらえる可能性が高くなります。

Q1：〇〇（商品B）を購入される前は、どんなことをお考えでしたか？
Q2：〇〇（商品B）を何で知りましたか？
Q3：〇〇（商品B）を知って△△（商品A）と一緒に購入しようと思われましたか？もしそうでなかった場合は、どのような不安がありましたか？
Q4：〇〇（商品B）を△△（商品A）と一緒に購入しようと思われた理由は何ですか？
Q5：〇〇（商品B）を一緒に購入されてみていかがですか？率直なご感想をお聞かせください。

これらのアンケート結果から、次のように広告で打ち出すコンセプトをつくります。

告知媒体（Q2の回答）
△△（商品A）をご購入の方へ
（Q1の回答）と考えていませんか？

そんな方には○○（商品B）を一緒に購入されることをおすすめします。

なぜ○○（商品B）の同時購入をおすすめするかというと、（Q4の回答）だからです。

すでに△△（商品A）と○○（商品B）を一緒に購入された方も（Q5の回答）と言っています。

とはいっても、（Q3の回答）という点が不安ですよね。

そこで、××をご用意致しました。

ぜひご検討ください。

居酒屋で同時購入してもらうには？

たとえば、居酒屋で同時購入してもらいたいなら、よく一緒に注文されているものをご注文されたお客様に同時購入用「Ａ４」１枚アンケートをお願いしてみましょう。

たとえば、ビールを注文する際に野菜サラダを頼むお客様がいらした場合。

Q１：野菜サラダをビールと一緒に注文する前は、どんなことをお考えでしたか？
A１：いろいろ食べたいけど太りたくない。
Q２：野菜サラダを何で知りましたか？
A２：店内のメニュー。
Q３：野菜サラダを知って、ビールと一緒に注文しようと思われましたか？もしそうでなかった場合は、どのような不安がありましたか？
A３：野菜は基本的に好きじゃないので、嫌いな野菜が入っていたらどうしようかと注文を躊躇した。
Q４：野菜サラダをビールと一緒に注文しようと思われた理由は何ですか？
A４：野菜を事前に食べてから肉とかを食べたほうが太らないと、テレビでやっていたので。

Q5：野菜サラダを一緒に注文されてみていかがですか？率直なご感想をお聞かせください。

A5：結構な量を食べても、あまり太らなくなった。

こうしたアンケートから得られたお客様の声を、野菜サラダを注文していないお客様へ伝えることにより、同時購入してくれるお客様を増やすことができます。

店内のメニューで

ビールをご注文の方へ

（色々食べたいけど太りたくない）と考えていませんか？

そんな方には（野菜サラダ）を一緒に注文されることをおすすめします。

なぜなら（野菜を事前に食べてから他のお料理を食べたほうが太りにくい）からです。

すでに野菜サラダを注文された方も（結構な量を食べても、太らなくなった）と言っています。

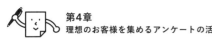

とはいっても、（嫌いな野菜が入っていたらどうしようか）という点が不安ですよね。
そこで、お好きな野菜をリクエストできるようにしました。
ぜひご検討ください。

これで基本コンセプトが出来上がりましたので、文章を調整して広告にします。

図29

野菜サラダを一緒に売りたいときの広告例

店内のメニューで…

色々食べたいけど太りたくないなら

ビールと一緒に野菜サラダを注文する

のがおすすめ!!

なぜなら、野菜を事前に食べてから
他のお料理を食べたほうが
太りにくいからです。

野菜サラダを食べた方の喜びの声
結構な量を食べても、太らなくなりました。
（沖縄県、経営者、42歳）

嫌いな野菜がある方は、お好きな野菜でサラダをつくります。

ぜひご注文ください!

活用例3

リピーターを増やしたいなら定期購入用「Ａ４」１枚アンケート

何度も購入してくれる理由を探る

あなたの商品を１回の購入で終わらせず、継続して購入してもらえる定期購入客（リピーター）を増やしたい場合は、定期購入用「Ａ４」１枚アンケートを活用します。

定期購入用「Ａ４」１枚アンケートは、次のようになります。

Ｑ１：定期購入制度を利用される前は、どんなことをお考えでしたか？
Ｑ２：定期購入制度を何で知りましたか？
Ｑ３：定期購入制度を知ってすぐに申し込もうと思われましたか？もしそうでなかった場合は、どのような不安がありましたか？
Ｑ４：定期購入制度に申し込まれた理由は何ですか？

Q5：定期購入制度を実際に利用されてみていかがですか？率直なご感想をお聞かせください。

これらのアンケート結果から、次のように広告で打ち出すコンセプトをつくります。

告知媒体（Q2の回答）

○○をご購入の方へ
（Q1の回答）と考えていませんか？
そんな方には定期購入制度をおすすめします。
定期購入制度をおすすめするのは（Q4の回答）だからです。
すでに定期購入制度を利用されている方も（Q5の回答）と言っています。
とはいっても、（Q3の回答）という点が不安ですよね。
そこで、××をご用意致しました。
ぜひご検討ください。

ミネラルウォーターを定期購入してもらうには？

ミネラルウォーターを販売している会社のケースで考えてみましょう。

たとえば、ミネラルウォーターを定期購入してもらいたいなら、すでに定期購入してくださっているお客様に聞いてみましょう。

Q1：定期購入制度を利用される前は、どんなことをお考えでしたか？

A1：飲んでみて体調が良くなったので、これからも飲み続けたいと思っていました。

Q2：定期購入制度を何で知りましたか？

A2：DMで知りました。

Q3：定期購入制度を知ってすぐに申し込もうと思われましたか？もしそうでなかった場合は、どのような不安がありましたか？

A3：冬場はあまり水を飲まないので、余ったらどうしようと思って申し込むのを少しためらいました。

Q4：定期購入制度に申し込まれた理由は何ですか？
A4：毎回頼まなくても自動的に届くというので。
Q5：定期購入制度を実際に利用されてみていかがですか？率直なご感想をお聞かせください。
A5：頼み忘れがなくて助かっています。

こうしたアンケートから得られたお客様の声を、1回しか購入されていないお客様へお伝えすることにより、定期購入制度を利用されるお客様を増やすことができます。

DMで

ミネラルウォーターをご購入の方へ
（これからも飲み続けたい）と考えていませんか？
そんな方には定期購入制度をおすすめします。

定期購入制度をおすすめするのは、（毎回頼まなくても自動的に届く）からです。

すでに定期購入制度を利用されている方も（頼み忘れがなくて助かっています）と言っています。

とはいっても、（冬場はあまり飲まないので余ったらどうしようか）という点が不安ですよね。

そこで、（余り始めた場合はいったんお止めいただき、お電話をいただければいつでも再開できます）をご用意致しました。

ぜひご検討ください。


これで基本コンセプトが出来上がりましたので、文章を調整して広告にします。

図30

ミネラルウォーターの定期購入を促す広告例

ダイレクトメールで…

ミネラルウォーターを
これからも飲み続けたいなら
定期購入制度がおすすめ!!
Water
500ml
なぜなら、
毎回頼まなくても
自動的に届く
からです。
定期購入制度を
利用している方の喜びの声
頼み忘れがなくて
助かっています。
(大阪府、主婦、31歳)
余り始めた場合は
いったんお止めいただき、
お電話をいただければ
いつでも再開できます。
ぜひご検討ください!

活用例4

休眠客を掘り起こしたいなら休眠客用「A4」1枚アンケート

購入を一時休止した理由を探る

以前、商品やサービスを利用してくれていたものの、何らかの理由で継続購入を止めてしまった人に対して、休眠客用「A4」1枚アンケートを使用します。

このアンケートのポイントは、**「Q1：○○（商品名）のご購入をいったんお止めになられた理由をお聞かせください」「Q2：再購入しようと思われたきっかけは何ですか？何かお悩み等が再発生したからですか？」**です。

当初の悩みや欲求ではなく、いったん止めた理由や再購入のきっかけがわかれば、そのお客様と同じようなことを思っているお客様に向けてアピールできます。

Q1：○○（商品名）のご購入をいったんお止めになられた理由をお聞かせください。

Q2：再購入しようと思われたきっかけは何ですか？何かお悩み等が再発生したからですか？
Q3：すぐに再購入されましたか？もしそうでなかった場合は、どのような不安がありましたか？
Q4：何が決め手となって再購入されましたか？
Q5：再購入されてみていかがですか？率直なご感想をお聞かせください。

これらのアンケート結果から、次のように広告で打ち出すコンセプトをつくります。

（Q1の回答）の理由で購入を止めた方へ
（Q2の回答）になっていませんか？
（Q2の回答）になっている方は再購入をおすすめします。
再購入をおすすめするのは（Q4の回答）だからです。
再購入された方も、（Q5の回答）と言っています。
とはいっても、（Q3の回答）という点が不安ですよね。

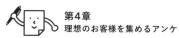

そこで、××をご用意致しました。
ぜひご検討ください。

サプリメントを再購入してもらうには?

加齢臭用のサプリメントのケースで考えてみましょう。再購入してもらいたいなら、すでに再購入されたお客様に聞いてみましょう。

たとえば、加齢臭用のサプリメントを再購入されたお客様がいらした場合。

Q1：加齢臭用サプリメントのご購入をいったんお止めになられた理由をお聞かせください。

A1：飲んでいたら妻や娘から臭いと言われなくなった。

Q2：再購入しようと思われたきっかけは何ですか?何かお悩み等が再発生したからですか?

A2：妻や娘から、また臭くなってきたと言われた。

Q3：すぐに再購入されましたか？もしそうでなかった場合は、どのような不安がありましたか？

A3：定期購入のときは定価の30％OFFで買っていたが、いったん止めたので定価で買わないといけないと思い、結構高くつくので再購入を躊躇しました。

Q4：何が決め手となって再購入されましたか？

A4：石鹸とか色々試したが、サプリメントが一番効果があった。

Q5：再購入されてみていかがですか？率直なご感想をお聞かせください。

A5：妻や娘から臭いと言われることがなくなりました。飲み続けることが大事だとわかりました。

こうしたアンケートから得られたお客様の声を、以前は購入してくれていたけど購入しなくなったお客様へ伝えることにより、再購入してくれるお客様を増やすことができます。


(臭いがなくなった)の理由で購入を止めた方へ
(また臭いが出て)いませんか?

(また臭いが出て)いる方は再購入をおすすめします。

再購入をおすすめするのは(石鹸等より効果が出る)からです。

すでに再購入されている方も、(妻や娘から臭いと言われることがなくなりました。

飲み続けることが大事だとわかりました)と言っています。

とはいっても、(定期購入のときは定価の30%OFFで買っていたが、いったん止めたので定価で買わないといけないと思い、結構高くつく)という点が不安ですよね。

そこで、(今回に限り、定期購入されていたときと同じ金額で購入できる権利)をご用意致しました。

ぜひご検討ください。


これで基本コンセプトが出来上がりましたので、文章を調整して広告にします。

図31

サプリメントの再購入を促す広告例

ダイレクトメールで…

臭いがなくなったのでサプリメントの購入を止めたけど…
また臭いが出てきたなら
再購入がおすすめ!!
No Smell
なぜなら、
石鹸等より効果が出るからです。
再購入されている方の喜びの声
妻や娘から臭いと言われることがなくなりました。
飲み続けることが大事だとわかりました。
（京都府、会社員、54歳）
今回に限り、定期購入されていたときと
同じ金額で購入可能です。
ぜひご検討ください！

不安対策

購入前の不安対策はお客様が教えてくれる

購入してくれたときに感想が聞けない場合

いかがですか？　紙面の都合ですべての事例は載せられませんでしたが、この章でお伝えしてきたように、アンケートの質問を少し変えることでさまざまな販促を行なうことができます。

ただし、商品や業種によっては使いにくい質問も出てくると思います。そんなときは文章を使いやすいように変更したり、質問の数を４つか３つに絞っていただいても結構です。

たとえば「Ｑ５：実際に利用されてみていかがですか?率直なご感想をお聞かせくださ い」という質問は、お客様がまだその商品を利用していない場合は聞けません。そういうときはＱ５の部分を取って広告に反映してください。具体的には、次ページに示したような文例になります。

（文例）
△△（商品A）をご検討の方へ
（Q1の回答）と考えていませんか？
そんな方には○○（商品B）を購入されることをおすすめします。
商品Aではなく商品Bをおすすめするのは、（Q4の回答）だからです。
実際にお使いの方も（Q5の回答）と言っています。
とはいっても、（Q3の回答）という点が不安ですよね。
そこで、××をご用意致しました。
ぜひご検討ください。

⬅

△△（商品A）をご検討の方へ
（Q1の回答）と考えていませんか？
そんな方には○○（商品B）を購入されることをおすすめします。
商品Aではなく商品Bをおすすめするのは、（Q4の回答）だからです。
とはいっても、（Q3の回答）という点が不安ですよね。

そこで、××をご用意致しました。

ぜひご検討ください。

購入前の不安対策もお客様に聞いてみる

また、広告をつくるときに、購入前の不安対策を考えるのが難しいとよく言われます。自分で対策を考えるのが難しいときは、お客様に聞いてください。

聞き方としては「『○○してくれれば（不安がなくなって）すぐに購入できた』ということはありましたか？」になります。

たとえばお土産屋さんで、「△△を購入される際、『○○してくれれば（不安がなくなって）すぐに購入できた』ということはありましたか？」と聞いてみると、「お客様へのお土産だから、美味しいかどうか事前に試食できればすぐに購入できた」といったような答えが返ってくると思います。

こういう答えが返ってきたら、店頭に「美味しいかどうか不安ですよね。そんな方のために試食できるようにしました」とか「試食できます！」というメッセージを打ち出せばいいわけです。そうすれば不安がなくなって購入してくれるお客様が増えます。

活用例5

良い人材を集めたいなら求人広告用「A4」1枚アンケート

入社した理由と働いてみての感想が重要

「A4」1枚アンケートは、求人広告にも活用することができます。求人広告をつくりたいとすれば、現在働いているスタッフに次のようなアンケートを取ります。

Q1：入社する前は、どんな就職先を探していましたか？
Q2：当社を何で知りましたか？
Q3：当社を知って、すぐに面接を申し込みましたか？申し込まなかったとしたら、どのような不安がありましたか？
Q4：他にも就職先があったにもかかわらず、何（どの部分）が決め手となって当社を選んだのですか？

Q5：実際に当社で働いてみていかがですか？率直なご感想をお聞かせください。

その回答から、次のような広告を打ち出します。

（Q2の回答）の広告媒体で

「（Q1の回答）ができる就職先を探していませんか？」

あなたと同じように（Q1の回答）ができる就職先を探していた人が、私たちの会社に就職して（Q5の回答）と思っています。

私たちの会社は（Q4の回答）がおすすめです。

とはいっても、（Q3の回答）が不安ですよね。

そこで私たちは、（不安対策）をご用意致しました。

まずはお問い合わせください。


このような文面で求人広告をつくります。

ゼロからいきなり4人応募2人採用

第3章でご紹介したではらストアーさんでは、「A4」1枚アンケートを使って業績が良くなるにつれ、スタッフの人数が足りなくなっていきました。そのため、求人広告でスタッフを募集することにしました。

出原さんは当初、ではらストアーで働く一番のメリットは「スーパーなのに日曜日休み」というところではないかと考え、「日曜日休み」を打ち出した求人広告をつくっていました。求人広告のタイトルには「日曜日休みなのでプライベートも充実♪長期働ける方大歓迎★スタッフ皆がイキイキと活躍している職場です♪♪」と入れました。

ところが、5回連続で広告を打ちましたが、残念ながら応募がなかったのです。

そんなとき、「A4」1枚アンケートが求人広告にも活用できることを知った出原さんは、さっそく職場のパートさんにアンケートを取ってみました。

その結果、すでに働いているパートさんたちが応募する前に気にしていたことは、日曜日に休めるかどうかではなく、職場の「人間関係」ということがわかりました。以前の職場で人間関係に苦しんで辞めたので、また人間関係で苦しんだらどうしようと思っていた

図32

ではらストアーさんの求人広告

Before

日曜日休みなのでプライベートも充実♪長期働ける方大歓迎★
スタッフ皆がイキイキと活躍している職場です♪♪

Change!

After

蒲生四丁目駅　パ　ア　レジ・調理補助、仕込み・パック詰め等

パートで働きたいけど、人間関係が心配とお考えの方へ!
忙しいけど家庭的な雰囲気の「ではら」ならきっと楽しく働けます!

仕　事▶①スーパーのレジ ②惣菜部門での調理補助
③お惣菜の仕込み・パック詰め等
給　与▶時給[redacted]円～※試用期間有り ※祝日時給**50円**UP!!
時　間▶①13:30～19:30 ②6:00～12:00 ③12:00～16:00
※全て各時間内で曜日・時間応相談　※短時間でもOK!
待　遇▶昇給有、各種社会保険完備
応　募▶9/30(月)よりお気軽にお電話下さい。

■食品スーパー小売業・飲食業

フレッシュではらストア

[redacted]

☎[redacted]（受付10時～17時 日曜定休 担当:デハラ）

パートさんが何人もいたそうです。

そこで出原さんは、家庭的に仲良く仕事ができることを訴求することに決めました。それが次のコピーです。

「パートで働きたいけど、人間関係が心配とお考えの方へ！忙しいけど家庭的な雰囲気の『ではら』ならきっと楽しく働けます！」

5回も求人広告を打って応募がなかったのに、この文面に変えたところ4人から応募があり、2人を採用することになりました。

ちなみに、この「忙しいけど家庭的な雰囲気の『ではら』ならきっと楽しく働けます！」という文章、すごくいいのですが、どこがいいかわかりますか？

実は「忙しいけど」という言葉を入れておくと、応募してくる人は忙しいのを覚悟して応募してきてくれます。ですから実際に働いてみて、「こんなに忙しいとは思いませんでした」と辞めることがないのです。

通常、求人広告というのは、応募者を増やそうとして良いことばかりを書いてしまいます。その結果、いざ入ってみたら予想と違っていたと、すぐに辞められてしまうことが少なくありません。

お金を払って求人広告を出したのに、すぐに辞められてしまっては元も子もありません。しかし、この「Ａ４」１枚アンケートを活用した求人広告は、職場のありのままを伝えますから、ミスマッチがなくなり長く働いてくれるようになるのです。

勤務時間や待遇面の不安を解消する

１件ぐらいではまぐれだと思う方がいらっしゃるかもしれませんから、もう1件、成功事例をご紹介します。

愛媛県の不動産会社・三福ホールディングスさんの事例です。同社は不動産の賃貸物件や売買物件を扱っている会社で、女性の従業員を新しく募集することになりました。

求人雑誌に掲載した最初の求人広告が１７４ページ図33のビフォーです。

家事や子育てをしている主婦の方を対象に募集をかけました。社内託児所を完備していることもアピールし、託児所の様子も写真で掲載したのですが、残念ながら応募はありませんでした。

そこで、すでに働いている女性従業員にアンケートを取ってみました。

すると、働く前の悩み（Q1）には「働きたいけど、小さな子どもがいるので、勤務時間や待遇面で不安があった」と書いてありました。

そこで広告の文章を「働きたいけど、小さな子どもがいるので、勤務時間や待遇面で不安はありませんか？　あなたと同じように子育てとの両立で悩んでいた人が、今では『安心して働けます』と言っています」と書き換えました。それが図33のアフターです。

そして、安心して働いているという証拠に、実際に働いている方の声（Q5）を求人広告に掲載したのです。

「託児所と勤務先が少し離れているけど、携帯や先生たちとのSNSで何があってもすぐに連絡がとれるので安心して働けますし、子供が体調を崩した時、通常なら休みにくい所が多い中、急な休みも快く受け入れてくれます。また、働いていく中で、自分が頑張ればきちんと評価してくれるので、ずーっと変わらない仕事よりも、自ら次は何ができるだろう？と考えて前向きに取り組むことができます」

広告文を変えただけですが、なんと4人の応募があったのです。

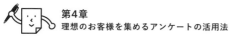

図33

三福ホールディングスさんの求人広告

Before

家事や子育てと無理なく両立できることをアピール

Change!

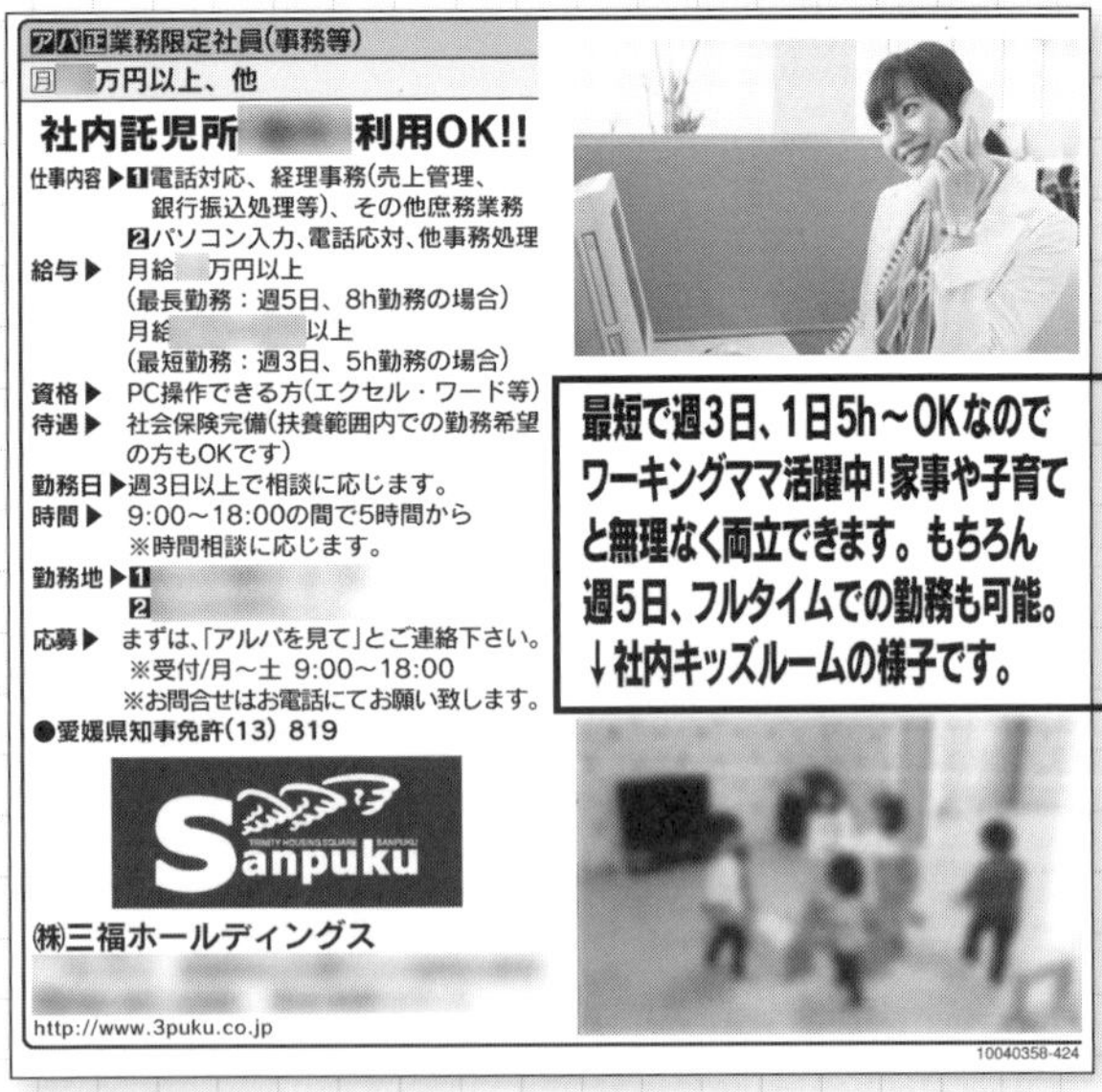

アパ正業務限定社員（事務等）
月 万円以上、他
社内託児所 利用OK!!
仕事内容▶1電話対応、経理事務（売上管理、銀行振込処理等）、その他庶務業務
2パソコン入力、電話応対、他事務処理
給与▶ 月給 万円以上
（最長勤務：週5日、8h勤務の場合）
月給 以上
（最短勤務：週3日、5h勤務の場合）
資格▶ PC操作できる方（エクセル・ワード等）
待遇▶ 社会保険完備（扶養範囲内での勤務希望の方もOKです）
勤務日▶週3日以上で相談に応じます。
時間▶ 9:00～18:00の間で5時間から
※時間相談に応じます。
勤務地▶1
2
応募▶ まずは、「アルバを見て」とご連絡下さい。
※受付/月～土 9:00～18:00
※お問合せはお電話にてお願い致します。
●愛媛県知事免許(13) 819
Sanpuku
㈱三福ホールディングス
http://www.3puku.co.jp
最短で週3日、1日5h～OKなので
ワーキングママ活躍中！家事や子育てと無理なく両立できます。もちろん
週5日、フルタイムでの勤務も可能。
↓社内キッズルームの様子です。
10040358-424

家事や子育てをしている主婦の方を対象に募集をかけた。社内託児所を完備していることもアピールしたが反響はなかった。

After

求人応募した人の悩みと、その悩みがどう解消されたのかを掲載

アパ正業務限定社員(事務等)

月　万円以上、他

社内託児所　利用OK!!

募集要項

仕事内容▶パソコン入力、電話応対、他事務処理
給与▶　月給　万円以上
（最長勤務：週5日、8h勤務の場合）
月給　以上
（最短勤務：週3日、5h勤務の場合）
資格▶　PC操作できる方(エクセル・ワード等)
待遇▶　社会保険完備(扶養範囲内での勤務希望の方もOKです)
勤務日▶週3日以上で相談に応じます。
時間▶　9:00～18:00の間で5時間から
※時間相談に応じます。
勤務地▶㈱三福テナントインフォリンク

応募方法

応募▶　まずは、「アルパを見て」とご連絡下さい。
※受付/月～土 9:00～18:00
※お問合せはお電話にてお願い致します。

Sanpuku

㈱三福ホールディングス

http://www.3puku.co.jp

働きたいけど、小さな子どもがいるので、勤務時間や待遇面で不安はありませんか？　あなたと同じように子育てとの両立で悩んでいた人が、今では「安心して働けます」と言っています。↓

◎託児所と勤務先が少し離れているけど携帯や先生たちとのSNSで何かあってもすぐに連絡がとれるので安心して働けますし、子供が体調を崩した時、通常なら休みにくい所が多い中、急な休みにも快く受け入れてくれます。また、働いていく中で、自分が頑張ればきちんと評価してくれるのでずーっと変わらない仕事よりも自ら、次は何ができるだろう??と考えて前向きに取り組むことができます。(26歳女性・4歳娘1人)
↓社内キッズルームの様子です。

10180435-424

従業員の声を掲載

ワンポイント

女性従業員にアンケートを取り、働く前の悩みを広告タイトルに採用。実際に働いている方の声も掲載した結果、４人から応募が。

このように「Ａ４」１枚アンケートは、成功事例を再現するだけなので、広告と名の付くものには何でも活用することができるのです。

第5章

「A4」1枚アンケート実践勉強会のススメ

STEP0

業績を上げ続けたいなら実践勉強会を社内で仕組み化すること

「A4」1枚アンケート実践勉強会とは?

最後の第5章では、文中に何度も出てきた「『A4』1枚アンケート実践勉強会」のやり方をご紹介します。

『A4』1枚アンケート実践勉強会」とは、4人程度のグループをつくり、実際にお客様から集めたアンケートを集計・分析して、その結果をもとに広告の構成やキャッチコピーを作成。印刷会社やホームページ制作会社と打ち合わせする際にも使える、広告のたたき台や店頭ポスターなどをつくり上げるワークです。

なぜ、これを社内でやったほうがよいのか?

アメリカ国立訓練研究所の調査によると、平均学習定着率はセミナーを聞くだけだと

図34

自ら体験すると学んだことが定着する

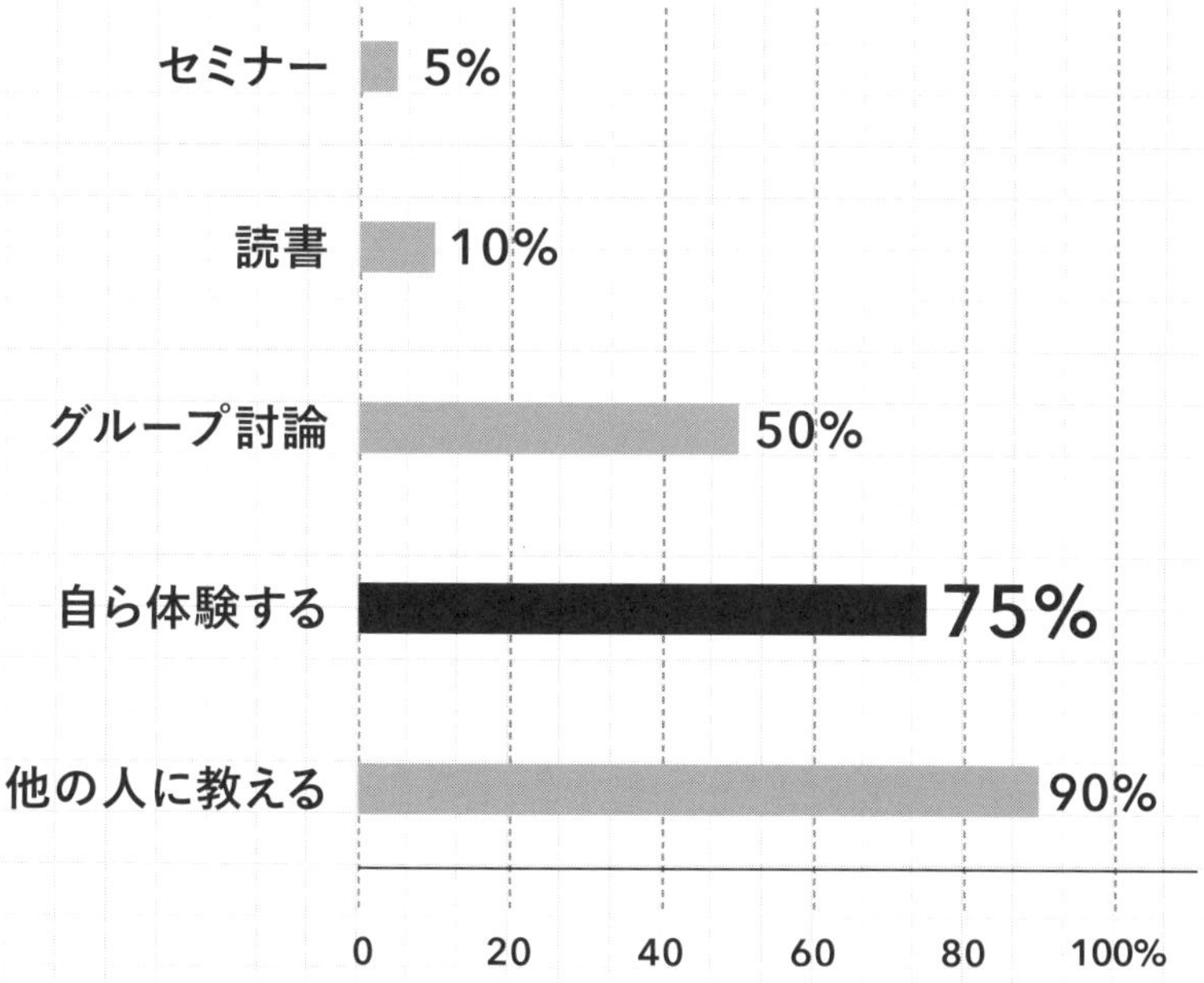

セミナー 5%
読書 10%
グループ討論 50%
自ら体験する 75%
他の人に教える 90%
0
20
40
60
80
100%

ワンポイント

アメリカ国立訓練研究所の「平均学習定着率」によれば、自ら体験すると学んだことが75%も定着する。

出所：National Training Laboratories 資料をもとに作成

5%、本を読むだけだと10%ですが、自ら体験すると一気に75%まで高まるとのことです。それくらい、**知識を吸収するためには自分でやってみることが大事**なのです。

社内に定着させたければ、スタッフにセミナーを聞かせる、本を読ませるだけではなく、ぜひ体験してもらうようにしてください。

とはいえ「本当に良い内容なのか?」と疑問に思われるかもしれません。実はこの『A4』1枚アンケート実践勉強会」は、その内容が高く評価され、すでに多くの団体で開催されています。

【開催実績の一例】

静岡県三島市役所様、公益財団法人沖縄県産業振興公社様、早稲田大学エクステンションセンター様、北海道帯広商工会議所様、秋田県秋田商工会議所様、新潟県新潟商工会議所様、新潟県神林商工会様、千葉県松戸商工会議所様、神奈川県茅ヶ崎商工会議所様、石川県金沢商工会議所様、静岡県大井川商工会様、京都府長岡京市商工会様、大阪府北大阪商工会議所様、山口県徳山商工会議所様、佐賀県津上場商工会様、宮崎県延岡商工会議所様、宮崎県都城商工会議所様、宮崎県小林商工会議所様、宮崎県西都商工会議所様、沖縄

図35

「A4」1枚アンケート実践勉強会の様子

『「A4」1枚アンケートで
利益を5倍にする方法』
「A4」1枚アンケート
実践勉強会！

早稲田大学エクステンションセンター様主催の勉強会にて。

県商工会連合会様、高知県しまんと町地域雇用創造協議会様、沖縄県豊見城市地域雇用創造推進協議会様など。

このほかにも上場企業やフランチャイズ本部など、多くの会社やお店で開催されていますから、安心して実践していただければと思います。

それでは、具体的な話に入っていきましょう。

スタッフ全員で行なう勉強会

『A4』1枚アンケート実践勉強会」の参加者は、販売促進や広告作成に携わるスタッフだけではなく、できれば新入社員やアルバイト、パートさんも含めて、スタッフ全員で行なうのがよいでしょう。

というのは、アンケートで得られたお客様の声を見ることで、あらためて自社の「強み」や「課題」が理解できるからです。それらを社内で共有できているかどうかで、会社の伸びしろは大きく変わってきます。

スタッフ全員が強みや課題をわかっていれば、ちょっとPOPを貼ってみたり、問い合わせのお電話でひと言強みを伝えるだけでも業績はかなり変わってくるでしょう。また、**スタッフ全員が何のためにアンケートを取るのかわかっていないと、お客様にアンケートをしっかりお願いできず、的確な答えが書かれたアンケートが回収できない**ということもあります。

たとえば、第3章でご紹介した三河屋旅館さんもそうです。

この旅館が「A４」1枚アンケートを活用して「赤ちゃんプラン」のホームページをリニューアルしたのは、売上をもっと伸ばしたいという理由のほかに、もう1つ理由がありました。それは、**スタッフ一人ひとりが商品を売るために何をすべきか、状況に応じて自分自身で考えられるようになってほしいということだったのです。**

アンケートづくりに携わったスタッフの方に感想を聞いたところ、次のようにおっしゃっていました。

「当館のお客様が何を求めて宿泊してくださっているのか、どんなサービスをご提供すればお客様の満足度を高めることができるのか、アンケートを分析することによって理解することができました」

このスタッフの方は、「Ａ４」１枚アンケートをとおして自分の仕事に誇りを持てるようになったといいます。なぜなら、このアンケートは自社の強みを知るためのものだからです。

また、ある会社では、以前は改善点を聞くアンケートを行なっていたため、お客様からお叱りばかり受け、仕事へのモチベーションがどんどん下がり、すぐに辞めてしまうスタッフが多かったそうです。しかし「Ａ４」１枚アンケートを実施するようになってから褒められることが増えたため、辞めるスタッフが減ったといいます。

せっかく高額な費用をかけて採用し、高額な費用をかけて育成したのに、辞められてしまってはすべての費用がムダになってしまいます。**実践勉強会を社内で行なうことで、そうした人材流出を防ぐこともできるのです。**

この実践勉強会に広告等の知識がないスタッフ全員を参加させて大丈夫なのか、という不安を持たれる経営者の方がいらっしゃるかもしれません。

ご安心ください。『Ａ４』１枚アンケート実践勉強会」には、他の広告研修とは違う３つのポイントがあります。

①難しいマーケティング知識やコピーライティングの技術が必要ない。
②デザイン力、デザイン経験が必要ない。
③みんなで考えるので、発想力が必要ない。
ですから、どんなスタッフが参加しても大丈夫なのです。

積極的にアンケートを集める表彰制度

「A４」１枚アンケートをお客様にきちんと書いてもらうためには、スタッフの方に積極的に動いてもらう必要があります。そのためには実践勉強会に参加してもらい、アンケートの重要性を理解してもらうことが大事なのです。

たとえその重要性がわかっていても、お客様から一度断られるとなかなか依頼できなくなる、というスタッフの方が結構いらっしゃいます。そうならないためには、工夫が必要です。

たとえば、ではらストアーでは、従業員に積極的にアンケートを取ってもらうために、「お客様アンケート大賞」という表彰制度を設けました。そして、お客様に積極的にアンケートを配布し、内容・量ともに多く拾い上げたスタッフを表彰しているのです。

図36

ではらストアーさんの「お客様アンケート大賞」

お客様アンケート大賞

様

貴方は、ではらストアーにおける販売促進活動において、「Ａ４」一枚アンケートを配布するという大切な業務を誠実に、また数多く配布されました。

そのことにより、鮮魚コーナーの前年売上比１０２％、経常利益比２５９％を達成する快挙を成し得ました。

このことは弊社の発展ならびに、「Ａ４」一枚アンケートによる販売促進を目指す方々の手本となられましたのでその功績称えここに表彰します。

平成二十七年八月二〇日

ではらストアー販売促進部

常務取締役　出原豊久

上：スタッフの方に表彰状を手渡す出原常務（当時）
下：「お客様アンケート大賞」の表彰状

ぜひあなたの会社でも『A4』1枚アンケート実践勉強会」にスタッフ全員を参加させるだけでなく、「お客様アンケート大賞」も導入してみてください。

実践勉強会で準備するもの

『A4』1枚アンケート実践勉強会」を社内で行なうメリットがおわかりいただいたところで、まず準備するものから説明したいと思います。

【準備するもの】

・「A4」1枚アンケートのコピー（10枚〜）（「A4」1枚アンケートを正確に分析するためにハサミで切って振り分けます。原紙を切ってしまうと二度と使えなくなりますので、必ずコピーを取って使用してください）
・ハサミ　グループ×2本
・ゼムクリップ　グループ×50個
・細い付箋　グループ×50枚
・鉛筆　グループ×4本

・消しゴム　グループ×2個
・太い水性マジック（黒）　グループ×1本
・細い水性マジック（黒）　グループ×1本
・太い水性マジック（赤）　グループ×1本
・細い水性マジック（赤）　グループ×1本
・大きい紙（B2サイズぐらい。最低でもA3サイズ）　グループ×2枚

準備するものが揃ったら、参加者全員をいくつかのグループに分けます。

1グループは4～6人ぐらいで行ないます。これ以上多くなると手を動かさない人が出てきますので、参加者が7人の場合は3人と4人のグループに分けてください。また、男性の方と女性の方、年配の方と若い方がいる場合は、性別や年齢が偏らないようにしてください。老若男女交ざったほうがさまざまなアイデアが出てきます。

STEP1

お客様のアンケートを質問ごとにグループ分けする

ここからは、お客様に記入していただいた「Ａ４」１枚アンケートをもとに、広告のラフ案を作成するまでの流れをステップごとに説明していきます。話をわかりやすくするために、「太陽卵卵黄油黒にんにく」というサプリメントのサンプルアンケート※を例に挙げます。

収集したアンケートを選別する

アンケートを実施してみるとわかりますが、ここまで詳しく書いてくれるのかという人と、もう少し書いてくれてもいいのにという人が出てきます。

※サンプルアンケートとは、実際のアンケートを参考に、分析しやすいように文章を改良したもの。

あまり書いてくれない人は自社のファンではない可能性が高いので、空白が多いとか、ひと言だけしか書いていない人のアンケートは省いてください。

逆に、たくさん書いてくれる人の中には、1つの質問に対してあれもこれも書いてあってどれを抽出すればいいかわからない場合もあります。お客様ご本人に「あえて1つ選ぶとすればどれですか？」と聞ける場合はいいのですが、そうでない場合は一番最初に書かれているキーワードを重視してください。

アンケートの枚数は、極端にいえば1枚からでもできますが、それがみんなの意見なのかレアケースなのかわからないので、最低でも10枚ぐらいはあったほうがよいと思います。

アンケートを設問ごとに分ける

集めたアンケートを、Q1とその回答、Q2とその回答という具合に、Q1～Q5を集計しやすく切って振り分けます。切り分けの作業のときに注意したいのが、質問番号が書かれていないと、どの質問の答えなのかわからなくなってしまうことです。ですので、アンケート用紙に質問番号を入れておくといいでしょう。

図37

アンケートを設問ごとにハサミで切る

あなたの声をお聞かせください

弊社ではより一層、皆様のご期待に応えていきたいと考えております。あなた様のご意見をお聞かせいただき、今後の活動に反映したいと考えております。良かったこと、嬉しかったこと、どのような些細なことでも結構です。率直なご意見・ご感想をお聞かせください。

CUT!

Q1とその回答

Q1:『太陽卵卵黄油黒にんにく』を購入される前は、どんなことでお悩みでしたか?

朝起きられない。

CUT!

Q2とその回答

Q2:『太陽卵卵黄油黒にんにく』を何で知りましたか?

ポストに入っていたチラシです。

CUT!

Q3とその回答

Q3:『太陽卵卵黄油黒にんにく』を知ってすぐに購入されましたか?
されなかった方は、どのような不安がありましたか?

はい、ここしかない!と思いました。

CUT!

Q4とその回答

Q4:他にもさまざまなサプリメントがあるにもかかわらず、何が決め手となって『太陽卵卵黄油黒にんにく』を購入されたのですか?

アミノ酸が豊富に入っていると書いてあったので。

CUT!

Q5とその回答

Q5:『太陽卵卵黄油黒にんにく』を実際に飲まれてみていかがですか?

翌朝はスッキリ目覚めることができ、体調も良好!自分でも驚いております!アラームで起きない私でしたが、今では100%アラームで起床できます。ありがとうございます。

※上記のお声についてお願いがあります。世の中には弊社の商品を知らない方がたくさんいらっしゃいます。その方々に商品の良さを少しでもご理解いただくために、広告等にこの内容を掲載させていただけないでしょうか。ご協力いただける方は、下記の中から○印をお付けください。

【 】 名前を出してもいい　　【○】 イニシャルなら出してもいい

■お名前　T・O　　■ご職業　会社員

ご協力をありがとうございました。

Q1の回答（悩み・欲求）をグループごとに分ける

Q1の中の共通するキーワードを見つけ出しましょう。そして、同じキーワードがあったら、それらをゼムクリップに綴《と》じてまとめていきます。まとめたアンケートの一番上には付箋を貼り付け、何のグループなのかわかるようにしておきましょう。

Q1：『太陽卵卵黄油黒にんにく』を購入される前は、どんなことでお悩みでしたか？

・朝起きられない。
・年齢から来ると思われる倦怠感。
・朝の目覚めがすっきりしない。
・免疫力のおとろえ。
・仕事と家事の両立で忙しく、朝早く起きられない。
・血液がドロドロになると血管がつまりやすくなると聞いたので心配。
・朝なかなか起きられない。
・生理痛がひどかった。
・忙しく常に寝不足ぎみ。朝起きるのがしんどい。

・生活習慣病の予防。

⬅

（朝起きられない）

・朝起きられない。
・朝の目覚めがすっきりしない。
・仕事と家事の両立で忙しく、朝早く起きられない。
・朝なかなか起きられない。
・忙しく常に寝不足ぎみ。朝起きるのがしんどい。

（倦怠感）

・年齢から来ると思われる倦怠感。

（免疫力の衰え）

・免疫力のおとろえ。

（血管が詰まりやすくなるので心配）

・血液がドロドロになると血管がつまりやすくなると聞いたので心配。

図38

Q１の回答（悩み・欲求）をグループごとに分ける

朝起きられない

Q1:『太陽卵卵黄油黒にんにく』を購入される前は、どんなことでお悩みでしたか？
朝起きられない。

倦怠感

Q1:『太陽卵卵黄油黒にんにく』を購入される前は、どんなことでお悩みでしたか？
年齢から来ると思われる倦怠感。

免疫力の衰え

Q1:『太陽卵卵黄油黒にんにく』を購入される前は、どんなことでお悩みでしたか？
免疫力のおとろえ。

血管が詰まりやすくなるので心配

Q1:『太陽卵卵黄油黒にんにく』を購入される前は、どんなことでお悩みでしたか？
血液がドロドロになると血管がつまりやすくなると聞いたので心配。

⋮

（生理痛）

・生理痛がひどかった。

（生活習慣病）

・生活習慣病の予防。

Q2の回答（媒体・ルート）をグループごとに分ける

Q2の中の共通するキーワードを見つけ出しましょう。そして、同じキーワードがあったら、それらをゼムクリップに綴じてまとめていきます。まとめたアンケートの一番上には付箋を貼り付け、何のグループなのかわかるようにしておきましょう。

Q2：『太陽卵卵黄油黒にんにく』を何で知りましたか？

・ポストに入っていたチラシです。

・近所の方から飲んでみて……と言っていただきました。

・仕事で知り合った方のブログで紹介されていたのを拝見したのが最初のきっかけです。

・黒にんにくと黒酢以外で何かないかな？と思い、ホームページで細かく時間をかけて

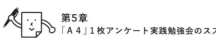

調べていった結果、御社にたどりつきました。
・新聞広告。
・ポストにチラシが入っていました。
・チラシ。
・友人の紹介。
・御社のサイト。
・チラシがポストに入っていた。

⬇

〈ポスティングチラシ〉
・ポストに入っていたチラシです。
・ポストにチラシが入っていました。
・チラシ。
・チラシがポストに入っていた。

〈知人の紹介〉
・近所の方から飲んでみて……と言っていただきました。

図39

Q2の回答(媒体・ルート)をグループごとに分ける

ポスティングチラシ

Q2:『太陽卵卵黄油黒にんにく』を何で知りましたか?
ポストに入っていたチラシです。

知人の紹介

Q2:『太陽卵卵黄油黒にんにく』を何で知りましたか?
近所の方から飲んでみて・・・と言っていただきました。

会社のHP

Q2:『太陽卵卵黄油黒にんにく』を何で知りましたか?
黒にんにくと黒酢以外で何かないかな?と思い、ホームページで細かく時間をかけて調べていった結果、御社にたどりつきました。

他の人のブログ

Q2:『太陽卵卵黄油黒にんにく』を何で知りましたか?
仕事で知り合った方のブログで紹介されていたのを拝見したのが最初のきっかけです。

⋮

・友人の紹介。

（会社のホームページ）

・黒にんにくと黒酢以外で何かないかな？と思い、ホームページで細かく時間をかけて調べていった結果、御社にたどりつきました。

・御社のサイト。

（他の人のブログ）

・仕事で知り合った方のブログで紹介されていたのを拝見したのが最初のきっかけです。

（新聞広告）

・新聞広告。

Q3の回答（不安）をグループごとに分ける

Q3の中の共通するキーワードを見つけ出しましょう。そして、同じキーワードがあったら、それらをゼムクリップに綴じてまとめていきます。まとめたアンケートの一番上には付箋を貼り付け、何のグループなのかわかるようにしておきましょう。

Ｑ３：『太陽卵卵黄油黒にんにく』を知ってすぐに購入されましたか？されなかった方は、どのような不安がありましたか？

・はい、ここしかない！と思いました。
・はい。
・すぐには購入しませんでした。というのも、そのときは別の発酵黒ニンニクが手元にあったからです。
・はい。
・はい。試す気持ちで購入。
・はい。
・本当に効果が出るかどうか、不安ですぐには購入しませんでした。
・はい。
・商品の素晴らしさ、こだわりはブログから伝わってくるので不安などはまったくありませんでした。
・はい。

⬅

〈不安なし〉

・はい、ここしかない！と思いました。

・はい。

・はい。

・はい。試す気持ちで購入。

・はい。

・はい。

・商品の素晴らしさ、こだわりはブログから伝わってくるので不安などはまったくありませんでした。

・はい。

〈別の商品が手元にあった〉

・すぐには購入しませんでした。というのも、そのときは別の発酵黒ニンニクが手元にあったからです。

〈本当に効果が出るのか〉

・本当に効果が出るかどうか、不安ですぐには購入しませんでした。

図40

Q 3の回答（不安）をグループごとに分ける

不安なし

Q3：『太陽卵卵黄油黒にんにく』を知ってすぐに購入されましたか？
　　されなかった方は、どのような不安がありましたか？

はい、ここしかない！と思いました。

別の商品が手元にあった

Q3：『太陽卵卵黄油黒にんにく』を知ってすぐに購入されましたか？
　　されなかった方は、どのような不安がありましたか？

すぐには購入しませんでした。というのも、そのときは別の発酵黒ニンニクが手元にあったからです。

本当に効果が出るのか

Q3：『太陽卵卵黄油黒にんにく』を知ってすぐに購入されましたか？
　　されなかった方は、どのような不安がありましたか？

本当に効果が出るかどうか、不安ですぐには購入しませんでした。

Q4の回答（決め手）をグループごとに分ける

Q4の中の共通するキーワードを見つけ出しましょう。そして、同じキーワードがあったら、それらをゼムクリップに綴じてまとめていきます。まとめたアンケートの一番上には付箋を貼り付け、何のグループなのかわかるようにしておきましょう。

Q4：他にもさまざまなサプリメントがあるにもかかわらず、何が決め手となって『太陽卵卵黄油黒にんにく』を購入されたのですか？

・アミノ酸が豊富に入っていると書いてあったので。
・近所の方からもらったのを飲んだら疲れがとれたので。
・他のにんにく卵黄よりビタミンEが多い。
・太陽卵・卵黄油・黒にんにく、この3つのすばらしさがひとつになったという点です。
・広告に掲載されていた「睡眠時間平均4時間のママが翌朝すっきりした目覚め！」のコピー。
・ポリフェノールが多い。
・ポリフェノールがたくさん入っている。

・ビタミンEが豊富。
・ビタミンEが多かったので。
・ホームページを見てみたら内容が詳細で信頼がおけると思いました。

⬅ **(ビタミンEが多い)**

・他のにんにく卵黄よりビタミンEが多い。
・ビタミンEが豊富。
・ビタミンEが多かったので。

(ポリフェノールが多い)

・ポリフェノールが多い。
・ポリフェノールがたくさん入っている。

(アミノ酸が豊富)

・アミノ酸が豊富に入っていると書いてあったので。

(飲んだら疲れが取れた)

・近所の方からもらったのを飲んだら疲れがとれたので。

図41

Q４の回答（決め手）をグループごとに分ける

ビタミンEが多い

Q4：他にもさまざまなサプリメントがあるにもかかわらず、何が決め手となって『太陽卵卵黄油黒にんにく』を購入されたのですか？

他のにんにく卵黄よりビタミンEが多い。

ポリフェノールが多い

Q4：他にもさまざまなサプリメントがあるにもかかわらず、何が決め手となって『太陽卵卵黄油黒にんにく』を購入されたのですか？

ポリフェノールが多い。

アミノ酸が豊富

Q4：他にもさまざまなサプリメントがあるにもかかわらず、何が決め手となって『太陽卵卵黄油黒にんにく』を購入されたのですか？

アミノ酸が豊富に入っていると書いてあったので。

飲んだら疲れが取れた

Q4：他にもさまざまなサプリメントがあるにもかかわらず、何が決め手となって『太陽卵卵黄油黒にんにく』を購入されたのですか？

近所の方からもらったのを飲んだら疲れがとれたので。

⋮

(3つのすばらしさが1つに)

・太陽卵・卵黄油・黒にんにく、この3つのすばらしさがひとつになったという点です。

(「睡眠時間平均4時間のママが翌朝すっきりした目覚め!」のコピー)

・広告に掲載されていた「睡眠時間平均4時間のママが翌朝すっきりした目覚め!」のコピー。

(信頼がおける)

・ホームページを見てみたら内容が詳細で信頼がおけると思いました。

Q5の回答(感想)をグループごとに分ける

Q5の中の共通するキーワードを見つけ出しましょう。そして、同じキーワードがあったら、それらをゼムクリップに綴じてまとめていきます。まとめたアンケートの一番上には付箋を貼り付け、何のグループなのかわかるようにしておきましょう。

Q5:『太陽卵卵黄油黒にんにく』を実際に飲まれてみていかがですか?

・翌朝はスッキリ目覚めることができ、体調も良好!自分でも驚いております!アラームで起きない私でしたが、今では100%アラームで起床できます。ありがとうございます。
・間違いなく体調は良くなってきており、おかげ様で気分も前向きになりました。
・朝の目覚めがすっきり。今までぐっすり眠れなかったのが嘘のようです。
・快調です。
・おかげさまで、毎朝4時に起きられるようになりました。
・使用してから体調は安定しているように思います。1袋飲みきった後、しばらく飲まなかったら体調が悪くなり、これはもしかしてサプリのおかげかなと思ってあわてて再度購入しました。
・スッキリ目覚められるようになりました。もう毎日飲まないといけません。本当に感謝です。
・ひどかった生理痛が緩和されたような気がします。
・目覚めが良いです。
・体調が良くなったように思います。

➡

(目覚めが良くなった)

・翌朝はスッキリ目覚めることができ、体調も良好！自分でも驚いております！アラームで起きない私でしたが、今では100%アラームで起床できます。ありがとうございます。

・朝の目覚めがすっきり。今までぐっすり眠れなかったのが嘘のようです。

・おかげさまで、毎朝4時に起きられるようになりました。

・スッキリ目覚められるようになりました。もう毎日飲まないといけません。本当に感謝です。

・目覚めが良いです。

(体調が良くなった)

・間違いなく体調は良くなってきており、おかげ様で気分も前向きになりました。

・快調です。

・使用してから体調は安定しているように思います。1袋飲みきった後、しばらく飲まなかったら体調が悪くなり、これはもしかしてサプリのおかげかなと思ってあわてて再度購入しました。

図42

Q５の回答(感想)をグループごとに分ける

目覚めが良くなった

Q5:『太陽卵卵黄油黒にんにく』を実際に飲まれてみていかがですか?

翌朝はスッキリ目覚めることができ、体調も良好!自分でも驚いております!アラームで起きない私でしたが、今では100%アラームで起床できます。ありがとうございます。

体調が良くなった

Q5:『太陽卵卵黄油黒にんにく』を実際に飲まれてみていかがですか?

間違いなく体調は良くなってきており、おかげ様で気分も前向きになりました。

生理痛が緩和

Q5:『太陽卵卵黄油黒にんにく』を実際に飲まれてみていかがですか?

ひどかった生理痛が緩和されたような気がします。

・体調が良くなったように思います。

（生理痛が緩和）

・ひどかった生理痛が緩和されたような気がします。

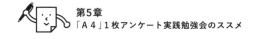

STEP2

グループ分けした答えを「分析シート」に書き出す

お客様に記入していただいた「A4」1枚アンケートの答えを質問ごとに切り離してグループ分けしたら、次のステップではそれらの答えを分析し、「分析シート」に書き出していきます。

Q1の回答から **打ち出す悩み・欲求を明確にする**

同じ悩み（欲求）を持っている人に教えてあげれば、喜んで買ってもらえます。

Q1の中で一番多かった回答（悩み・欲求）は何でしたか？

（朝起きられない）

・朝起きられない。

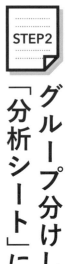

図43

「分析シート」のサンプル

Q1の中で一番多かった回答(悩み・欲求)は何でしたか?

※同じ悩み(欲求)を持っている人に教えてあげれば喜んで買ってくれる。

Q2の中で一番多かった回答(媒体・ルート)は何でしたか?

※成約率の高い媒体(ルート)なので、この媒体にお金を投入(強化)すると効果が出やすい。

Q3の回答(不安)には何がありましたか?その対策は?

不安①

その対策

不安②

その対策

※この不安を取り除いてあげると購入しやすくなるので成約率が上がる。

Q4の回答(決め手)の中から上位3つの決め手を選んでください。

決め手①

決め手②

決め手③

※決め手を打ち出すことは強みを打ち出すことになり成約率が上がる。

Q5の回答(感想)の中からリアルな感想を3つ選んでください。

感想①

感想②

感想③

※実際に購入した人の感想を読むと購入後のイメージが湧き購入したくなる。

・朝の目覚めがすっきりしない。
・仕事と家事の両立で忙しく、朝早く起きられない。
・朝なかなか起きられない。
・忙しく常に寝不足ぎみ。朝起きるのがしんどい。

Q2の回答から　**お金をかけるべき媒体を明確にする**

実際に商品を購入されたお客様にアンケートを取り、一番多かった媒体（ルート）というのは訴求力・成約率の高い媒体です。この媒体にお金を投入（強化）すると効果が出やすくなります。

Q2の中で一番多かった回答（媒体・ルート）は何でしたか？

（ポスティングチラシ）

・ポストに入っていたチラシです。
・ポストにチラシが入っていました。
・チラシ。

・チラシがポストに入っていた。

Q3の回答から 不安対策を立てる

購入してくれたお客様は、何の不安もなく購入してくれたわけではありません。不安があったものの、それを乗り越えて購入してくれたのです。

しかし、世の中にはこの不安を乗り越えられない人たちがたくさんいらっしゃいます。あらかじめ不安を取り除いてあげると購入しやすくなるので、成約率が上がります。

Q3の回答（不安）には何がありましたか？その対策は？
（別の商品が手元にあった）

・すぐには購入しませんでした。というのも、そのときは別の発酵黒ニンニクが手元にあったからです。

これは不安ではありませんが、対策を立てれば同じように思ってくれる人が購入してくれる可能性が高くなります。

このお客様の場合は、別の商品が残っていたのですぐには買わず、なくなってから購入してくれました。ですが、中にはそう考えていたことを忘れてしまい、また同じ商品を買ってしまう方もいるでしょう。お店からすると、せっかく欲しいと思ってもらえたのに売れる機会を逃してしまうことになります。

そこで、別の商品がなくなってからではなく、今すぐ注文してもらえる方法はないかと考えるのです。こういうと多くの方が「今購入すれば20％ＯＦＦになるというのはどうでしょうか？」と答えますが、このお客様は商品がダブるのが嫌だと思っているだけなので、値引きしなくても買ってくれるお客様です。ムダな値引きになる可能性が高いでしょう。

それよりもダブらない対策、たとえば「希望日に配達できます」とお伝えすれば、今すぐ注文しようと思ってもらえるのです。

（**本当に効果が出るのか**）

・本当に効果が出るかどうか、不安ですぐには購入しませんでした。

これはよくある不安です。

効果を疑われたときには疑いを晴らす方法がいくつかあります。代表的なのが、サンプルなどでお試しができるようにするという方法。もう1つは、効果が出なければ返金しますという返金保証です。そのほかにも効果が出てからお金を支払ってもらう成功報酬型などさまざまな対策があります。

どの対策が一番不安を取り除けるのか考えてみてください。

Q4の回答から　3つの決め手を抽出する

「決め手＝強み」なので、ここに出てきた決め手を打ち出すことは強みを打ち出すことになり、自然と成約率が上がります。

Q4の回答（決め手）の中から上位3つの決め手を選んでください。

（ビタミンEが多い）

・他のにんにく卵黄よりビタミンEが多い。
・ビタミンEが豊富。
・ビタミンEが多かったので。

（ポリフェノールが多い）

・ポリフェノールが多い。

・ポリフェノールがたくさん入っている。

（アミノ酸が豊富）

・アミノ酸が豊富に入っていると書いてあったので。

（飲んだら疲れが取れた）

・近所の方からもらったのを飲んだら疲れがとれたので。

（3つのすばらしさが1つに）

・太陽卵・卵黄油・黒にんにく、この3つのすばらしさがひとつになったという点です。

（「睡眠時間平均4時間のママが翌朝すっきりした目覚め！」のコピー）

・広告に掲載されていた「睡眠時間平均4時間のママが翌朝すっきりした目覚め！」のコピー。

（信頼がおける）

・ホームページを見てみたら内容が詳細で信頼がおけると思いました。

後ほどご説明しますが、この回答をもとに広告のボディコピーで「選ばれている3つの理由」と表現しますので、3つを選びます。

ビタミンEが3件、ポリフェノールが2件あるので、この2つはすぐに決まります。残り1つをどうするかですが、「選ばれている3つの理由 ①ビタミンEが豊富、②ポリフェノールが豊富」となったときに、③にはアミノ酸が入ったほうがきれいに収まるので、今回はアミノ酸を選びます。

Q5の回答から リアルな感想を3つ選ぶ

実際に購入されたお客様の感想を読むと、購入後のイメージが湧いて購入したくなるものです。Q1の悩みが解消されたリアルな感想がベストです。

Q5の回答（感想）の中からリアルな感想を3つ選んでください。

（目覚めが良くなった）

・翌朝はスッキリ目覚めることができ、体調も良好！自分でも驚いております！アラームで起きない私でしたが、今では100％アラームで起床できます。ありがとうござ

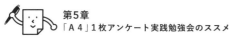

います。

・朝の目覚めがすっきり。今までぐっすり眠れなかったのが嘘のようです。

・おかげさまで、毎朝4時に起きられるようになりました。

・スッキリ目覚められるようになりました。もう毎日飲まないといけません。本当に感謝です。

・目覚めが良いです。

朝起きられないというQ1の悩みを解消する感想が良いので、目覚めが良くなったというグループの中から感想を選びます。ただし、「目覚めが良いです」では購入後のイメージが伝わりにくいので、リアルな感想を選びます。この中でいえば、この3つが具体的でよいでしょう。

・翌朝はスッキリ目覚めることができ、体調も良好！自分でも驚いております！アラームで起きない私でしたが、今では100％アラームで起床できます。ありがとうございます。

図44

「分析シート」に答えを書き出す

Q1の中で一番多かった回答(悩み・欲求)は何でしたか?

朝起きられない(すっきりしない・しんどい)

※同じ悩み(欲求)を持っている人に教えてあげれば喜んで買ってくれる。

Q2の中で一番多かった回答(媒体・ルート)は何でしたか?

ポスティングチラシ

※成約率の高い媒体(ルート)なので、この媒体にお金を投入(強化)すると効果が出やすい。

Q3の回答(不安)には何がありましたか?その対策は?

不安①　別の商品が手元にあった

その対策　希望日に発送

不安②　本当に効果が出るのか?

その対策　お試し商品(1000円)を用意

※この不安を取り除いてあげると購入しやすくなるので成約率が上がる。

Q4の回答(決め手)の中から上位3つの決め手を選んでください。

決め手①　ビタミンEが豊富

決め手②　ポリフェノールが豊富

決め手③　アミノ酸が豊富

※決め手を打ち出すことは強みを打ち出すことになり成約率が上がる。

Q5の回答(感想)の中からリアルな感想を3つ選んでください。

感想①　翌朝はスッキリ目覚めることができ、体調も良好!自分でも驚いております!アラームで起きない私でしたが、今では100%アラームで起床できます。ありがとうございます。

感想②　朝の目覚めがすっきり。今までぐっすり眠れなかったのが嘘のようです。

感想③　スッキリ目覚められるようになりました。もう毎日飲まないといけません。本当に感謝です。

※実際に購入した人の感想を読むと購入後のイメージが湧き購入したくなる。

・朝の目覚めがすっきり。今までぐっすり眠れなかったのが嘘のようです。
・スッキリ目覚められるようになりました。もう毎日飲まないといけません。本当に感謝です。

STEP3

広告のコンセプト・メッセージを明確にする

これまでのステップで書き出した「分析シート」をもとに、広告等で伝えるコンセプト・メッセージを明確にします。

「A4」1枚アンケートからわかったことをまとめる

「A4」1枚アンケートを分析した結果をまとめます。まとめは次のようになります。

「A4」1枚アンケートを分析した結果、
(Q1の回答)という悩みを持っている人に
(Q2の回答)で

（Q３の回答）の不安を取り除く対策を立ててあげると
（Q４の回答）が決め手となって
（Q５の回答）と喜んでくれる。

ということがわかりました。

そこに今回分析した結果を当てはめてみます。

「A４」１枚アンケートを分析した結果、
（朝起きられない〈すっきりしない・しんどい〉／Q１の回答）という悩みを持っている人に
（ポスティングチラシ／Q２の回答）で
（別の商品が手元にあった・本当に効果が出るのか？／Q３の回答）の不安を取り除く対策を立ててあげると

図45

基本コンセプトを作成する

「A4」1枚アンケートを分析した結果、
（Q1の回答）という悩みを持っている人に
（Q2の回答）で
（Q3の回答）の不安を取り除く対策を立ててあげると
（Q4の回答）が決め手となって
（Q5の回答）と喜んでくれる。
ということがわかりました。

↓

「A4」1枚アンケートを分析した結果、
（朝起きられない〈すっきりしない・しんどい〉／Q1の回答）
という悩みを持っている人に
（ポスティングチラシ／Q2の回答）
で
（別の商品が手元にあった・本当に効果が出るのか？／Q3の回答）
の不安を取り除く対策を立ててあげると
（ビタミンEが豊富・ポリフェノールが豊富・アミノ酸が豊富／Q4の回答）
が決め手となって
（「翌朝はスッキリ目覚めることができ、体調も良好！自分でも驚いております！アラームで起きない私でしたが、今では100％アラームで起床できます。ありがとうございます」「朝の目覚めがすっきり。今までぐっすり眠れなかったのが嘘のようです」「スッキリ目覚められるようになりました。もう毎日飲まないといけません。本当に感謝です」／Q5の回答）
と喜んでくれる。
ということがわかりました。

（ビタミンEが豊富・ポリフェノールが豊富・アミノ酸が豊富／Q４の回答）が決め手となって
（「翌朝はスッキリ目覚めることができ、体調も良好！自分でも驚いております！アラームで起きない私でしたが、今では１００％アラームで起床できます。ありがとうございます」「朝の目覚めがすっきり。今までぐっすり眠れなかったのが嘘のようです」「スッキリ目覚められるようになりました。もう毎日飲まないといけません。本当に感謝です」／Q５の回答）と喜んでくれる。
ということがわかりました。

これで今回のアンケートからわかったことが明確になりました。

伝えたいメッセージを明確にする

文章を、広告で打ち出しやすいように変更します。基本パターンは次のようになります。

（Q2の回答）で
（Q1の回答）という悩みを持っていませんか？
あなたと同じように（Q1の回答）という悩みを持っていた人が、
〇〇を購入して、今では（Q5の回答）と喜んでいます。
〇〇は（Q4の回答）というところがおすすめです。
とはいっても、（Q3の回答）が不安ですよね。
そこで当社では（不安対策）をご用意致しました。

そこに今回分析した結果を当てはめていくと、次のようになります。

（ポスティングチラシ／Q2の回答）で
（朝起きられない〈すっきりしない・しんどい〉／Q1の回答）という悩みを持って
いませんか？
あなたと同じように（朝起きられない〈すっきりしない・しんどい〉／Q1の回答）
という悩みを持っていた人が、太陽卵卵黄油黒にんにくを飲んで、今では（「翌朝はスッキリ目覚めることができ、体調も良好！自分でも驚いております！アラームで起きない私でしたが、今では100％アラームで起床できます。ありがとうございます」「朝の目覚めがすっきり。今までぐっすり眠れなかったのが嘘のようです」「スッキリ目覚められるようになりました。もう毎日飲まないといけません。本当に感謝です」／Q5の回答）と喜んでいます。

太陽卵卵黄油黒にんにくは（ビタミンEが豊富・ポリフェノールが豊富・アミノ酸が豊富／Q4の回答）というところがおすすめです。

とはいっても、（別の商品が手元にあった・本当に効果が出るのか？／Q3の回答）が不安ですよね。

そこで当社では、（希望日発送・お試し商品）をご用意致しました。

図46

メッセージを作成する

（Q2の回答）で
（Q1の回答）という悩みを持っていませんか？
あなたと同じように**（Q1の回答）**という悩みを持っていた人が、
○○を購入して、今では**（Q5の回答）**と喜んでいます。
○○は**（Q4の回答）**というところがおすすめです。
とはいっても、**（Q3の回答）**が不安ですよね。
そこで当社では**（不安対策）**をご用意致しました。

↓

（ポスティングチラシ／Q2の回答）で
（朝起きられない〈すっきりしない・しんどい〉／Q1の回答）という悩みを持っていませんか？
あなたと同じように**（朝起きられない〈すっきりしない・しんどい〉／Q1の回答）**という悩みを持っていた人が、太陽卵卵黄油黒にんにくを飲んで、今では**（翌朝はスッキリ目覚めることができ、体調も良好！自分でも驚いております！アラームで起きない私でしたが、今では100％アラームで起床できます。ありがとうございます）（朝の目覚めがすっきり。今までぐっすり眠れなかったのが嘘のようです）（スッキリ目覚められるようになりました。もう毎日飲まないといけません。本当に感謝です／Q5の回答）**と喜んでいます。
太陽卵卵黄油黒にんにくは**（ビタミンEが豊富・ポリフェノールが豊富・アミノ酸が豊富／Q4の回答）**というところがおすすめです。
とはいっても、**（別の商品が手元にあった・本当に効果が出るのか？／Q3の回答）**が不安ですよね。
そこで当社では**（希望日発送・お試し商品）**をご用意致しました。

STEP4

コンセプト・メッセージをもとに広告の文章を作成する

これで広告で伝えたいコンセプト・メッセージが出来上がりましたので、「広告原案シート」を使用して具体的に広告の文章（8つのパーツ）をつくっていきましょう。

パーツ① ターゲットコピーをつくる

ターゲットコピーとは、対象となる人へ呼びかける文章です。

なぜこんな文章がいるかというと、ほとんどの人があなたの商品やサービスを知らないし興味も持っていないので、はじめに「○○で悩んでいる方へ」「△△になりたいと思っている方へ」と、悩みや欲求を持っているあなたへのご案内ですよと呼びかけてあげる必要があるからです。

通常ならば、誰に教えてあげたら一番喜んでくれるのかと考えて文章をつくるのですが、

図47

「広告原案シート」のサンプル

ターゲットコピー（Q1の多かった回答）+方へ

キャッチコピー（Q5の多かった回答）+なれる+商品名（サービス名）+はいかがですか？

裏付けとなる証拠（Q5の多かった回答）×3件　※「お客様の喜びの声」として使用

ボディコピー（Q4の多かった回答）×3件　※「選ばれている3つの理由」として使用

オファー（商品・サービス情報）

不安対策（Q3の多かった回答）+対策　※「よくある質問」として使用

行動喚起（どうすれば購入できるのか？ 最初の行動を促す言葉）

問い合わせ（電話・FAX・メール・ホームページ・地図・返信ハガキなど）

「A４」１枚アンケートを取ればQ１にその答えが書いてありますから、「Q１の回答＋方へ」でつくることができます。

（朝なかなか起きられない／Q１の回答）＋方へ

⬅

朝なかなか起きられない方へ

パーツ② キャッチコピーをつくる

キャッチコピーとは、読んで字のごとくお客様の心をつかむ文章のことです。

では、どうしたらお客様の心をつかめるのでしょうか？

それは、お客様が抱えている悩み・欲求・不便が手っ取り早く（簡単に）解消できるということをお伝えすることです（ただし、薬事法が関わる場合は伝え方に注意してください）。

通常ならば、商品を使うとその悩みや欲求がどんなふうに解消するのかと考えて文章をつくるのですが、「A４」１枚アンケートを取ればQ５にその答えが書いてありますから、

「Q5の回答＋なれる（商品名）はいかがですか？」でつくることができます。

（「翌朝はスッキリ目覚めることができ、体調も良好！自分でも驚いております！アラームで起きない私でしたが、今では100％アラームで起床できます。ありがとうございます」「朝の目覚めがすっきり。今までぐっすり眠れなかったのが嘘のようです」「スッキリ目覚められるようになりました。もう毎日飲まないといけません。本当に感謝です」／Q5の回答）＋なれる（太陽卵卵黄油黒にんにく）はいかがですか？

⬅

朝すっきり目覚められる「太陽卵卵黄油黒にんにく」はいかがですか？

パーツ③ 裏付けとなる証拠をつくる

ほとんどの会社やお店は信用がないため、どれほど良いことを伝えても、それを裏付ける証拠がなければお客様は買ってくれません。ですから、キャッチコピーの内容が本当だと思ってもらえる証拠を用意しなければいけません。

通常ならば、写真（ビフォー＆アフター）、検査データ、権威からの推薦などを用意しなければならないのですが、「A4」1枚アンケートを取ればQ5の回答がそのまま裏付ける証拠になりますから、「お客様から届いた喜びの声」でつくれます。

お客様から届いた喜びの声

「翌朝はスッキリ目覚めることができ、体調も良好！　自分でも驚いております！　アラームで起きない私でしたが、今では100%アラームで起床できます。ありがとうございます」

「朝の目覚めがすっきり。今までぐっすり眠れなかったのが嘘のようです」

「スッキリ目覚められるようになりました。もう毎日飲まないといけません。本当に感謝です」

パーツ④　ボディコピー（理由）をつくる

ここでは良い商品だという理由を説明します。「素材が違う」「製造方法が違う」「仕入れルートが違う」など、お客様に良い商品だと納得してもらえる理由をすべて書くようにします。

通常ならば、どこをアピールすればお客様が良いと思ってくれるのか考えなければいけないのですが、「A4」1枚アンケートを取ればQ4にその答えが書いてありますから、その答えを集めて「選ばれている○○の理由」で納得してもらえる理由がつくれます。

太陽卵卵黄油黒にんにくが選ばれている3つの理由とは
①ビタミンEが豊富、②ポリフェノールが豊富、③アミノ酸が豊富

パーツ⑤ オファー（商品説明）をつくる

商品名や商品の写真、価格、サイズなど、商品について説明します。

太陽卵卵黄油黒にんにく（商品の写真）　2980円（税込）　60粒　約1カ月分

パーツ⑥ 不安対策をつくる

どんなに欲しいと思っても、リスク（不安）が高いと購入できません。リスク（不安）を取り除くための対策を提示し、お客様が買わない理由をなくすようにします。

通常ならば、どんなリスク（不安）があるのか考えなければいけないのですが、「A4」1枚アンケートを取ればQ3に不安が書いてありますから、その不安の対策をQ&Aにして「よくある質問」で掲載します。

よくある質問Q&A

Q：今飲んでいるのが残っているのですが、なくなるころに送ってもらうことはできますか？

A：はい、できます。お電話の際にご希望日をお伝えください。

Q：本当に効果が出るの？

A：お試し商品（1000円）をご用意しております。まずはそちらで実感してください。

パーツ⑦　行動喚起をつくる

お客様は商品が欲しいと思っても、どう行動すれば購入できるのかわからないと購入を

図48

「広告原案シート」に答えを書き出す

ターゲットコピー（Q1の多かった回答）+方へ

朝（なかなか）起きられない方へ

キャッチコピー（Q5の多かった回答）+なれる+商品名（サービス名）+はいかがですか？

朝すっきり目覚められる！「太陽卵卵黄油黒にんにく」はいかがですか？

裏付けとなる証拠（Q5の多かった回答）×3件　※「お客様の喜びの声」として使用

- 翌朝はスッキリ目覚めることができ、体調も良好！自分でも驚いております！アラームで起きない私でしたが、今では100％アラームで起床できます。ありがとうございます。
- 朝の目覚めがすっきり。今までぐっすり眠れなかったのが嘘のようです。
- スッキリ目覚められるようになりました。もう毎日飲まないといけません。本当に感謝です。

ボディコピー（Q4の多かった回答）×3件　※「選ばれている3つの理由」として使用

①ビタミンＥが豊富（別名「若返りのビタミン」で、「疲れやすい」にストップ！）
②ポリフェノールが豊富（活性酸素をブロックして、身体のサビつきを進ませない）
③アミノ酸が豊富（乱れがちな身体バランスを整えたい方にぴったり）

オファー（商品・サービス情報）

商品名：「太陽卵卵黄油黒にんにく」　価格：2,980円（60粒 約1カ月分）

不安対策（Q3の多かった回答）+対策　※「よくある質問」として使用

Q：今飲んでいるのが残っているのですが、なくなるころに送ってもらうことはできますか？
A：はい、できます。お電話の際にご希望日をお伝えください。
Q：本当に効果が出るの？
A：お試し商品（1000円）をご用意しております。まずはそちらで実感してください。

行動喚起（どうすれば購入できるのか？最初の行動を促す言葉）

ご購入は簡単です！今すぐお電話を！ＨＰからもご購入いただけます！

問い合わせ（電話・FAX・メール・ホームページ・地図・返信ハガキなど）

電話　0120-○○○-○○○（通話料無料）
ホームページ　http://www.○○○.com

やめてしまう場合があります。そこであえて「まずはお電話を！」「今すぐ○○にお越しください」といった最初の行動を促す言葉を入れます。

ご購入は簡単です！今すぐお電話を！ＨＰからもご購入いただけます。

パーツ⑧ 問い合わせをつくる

会社名、住所、電話、ホームページなど、お客様が問い合わせやすいように連絡先を1つでも多くご用意します。

株式会社落水正商店　太陽卵美健
〒○○○－○○○○　○○市○○町○－○
フリーダイヤル：０１２０－○○○－○○○（通話料無料）
ホームページ：http://www.○○○.com

STEP5

チラシやホームページの広告ラフ案を作成する

チラシやホームページなどの広告を制作する前、または広告業者に依頼する前に、自分たちで手書きチラシをつくります。手書きのチラシをつくることで、どんなイメージの広告をつくりたいのかを再認識することができます。

広告業者に依頼するにしても、どの文字をどれくらいの大きさで入れればいいのか、イラストや写真はどの位置に入れればいいのかなど、**具体的な指示が書かれた手書きチラシがあるかどうかで、イメージの伝わり方が大きく変わってきます。**

そこで具体的に広告ラフ案のつくり方をご説明します。

大きな紙に32個のマスをつくる

最低でもＡ３サイズの紙を用意してください。社内勉強会で作成する場合は、Ｂ２サイズくらいの大きな紙を使用するとよいでしょう。紙が小さいと、前述した8つのパーツが入りきらないので、なるべく大きな紙を用意しましょう。

用意した紙を半分、さらに半分と折っていき、目安の折り目を付けます。これで32個のマスができました。この32個のマスの中に、「A4」1枚アンケート広告作成の8つのパーツを入れ込んでいきます。どのマスにどのパーツを入れ込むかは、240～241ページの図49をご参照ください。

ターゲットコピーとキャッチコピーを入れる

ターゲットコピーとキャッチコピーが目立っていないと、お客様に読もうと思ってもらえません。上部8マス（タテ2行×ヨコ4列）くらいを使って、ターゲットコピー（朝なかなか起きられない方へ）とキャッチコピー（朝すっきり目覚められる「太陽卵卵黄油黒にんにく」はいかがですか？）を大きく書きます。

裏付けとなる証拠を入れる

キャッチコピーを読んだお客様は「本当か？」と疑いますので、キャッチコピーのすぐ下にその疑いを晴らすための裏付けとなる証拠（お客様から届いた喜びの声）を左側6マス（タテ3行×ヨコ2列）くらい使って書きます。

ボディコピー（理由）を入れる

裏付けとなる証拠を読んだお客様は「なぜそんなことになるのだろう？」と思いますので、ボディコピー（太陽卵卵黄油黒にんにくが選ばれている3つの理由とは）をその下に4マス（タテ2行×ヨコ2列）くらい使って書きます。

オファー（商品説明）を入れる

裏付けとなる証拠とボディコピーを読んで納得してもらったので、オファー（商品説明）を右側に6マス（タテ3行×ヨコ2列）くらい使って書きます。

不安対策を入れる

商品を見て納得しても、「そうはいってもなぁ…」と買わない理由を探しはじめますので、オファー（商品説明）の下に不安対策（よくある質問）を4マス（タテ2行×ヨコ2

図49

広告作成の8つのパーツを入れ込む

①ターゲットコピーとキャッチコピーを入れる

(ターゲットコピー)

朝なかなか起きられない方へ

(キャッチコピー)

朝すっきり目覚められる
「太陽卵卵黄油黒にんにく」は
いかがですか?

※起きている人のイラスト入れる

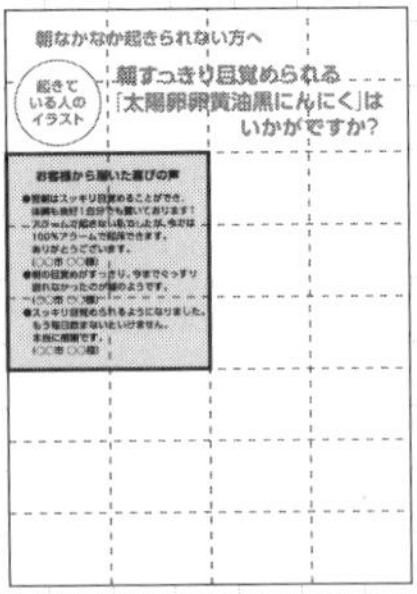

②裏付けとなる証拠を入れる

お客様から届いた喜びの声

●翌朝はスッキリ目覚めることができ、体調も良好！自分でも驚いております！アラームで起きない私でしたが、今では100%アラームで起床できます。ありがとうございます。(○○市○○様)

●朝の目覚めがすっきり。今までぐっすり眠れなかったのが嘘のようです。(○○市○○様)

●スッキリ目覚められるようになりました。もう毎日飲まないといけません。本当に感謝です。(○○市○○様)

③ボディコピー(理由)を入れる

太陽卵卵黄油黒にんにくが選ばれている
3つの理由とは

①ビタミンEが豊富！(別名「若返りのビタミン」で疲れやすいにストップ！)

②ポリフェノールが豊富！(活性酸素をブロックして、身体のサビつきを進ませない)

③アミノ酸が豊富！(乱れがちな身体バランスを整えたい方にぴったり)

(前ページより)

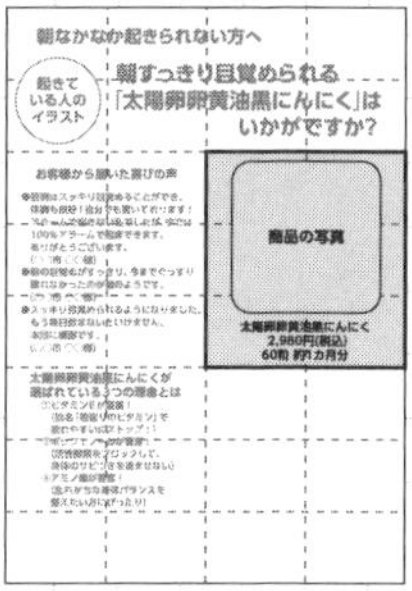

④オファー(商品説明)を入れる

太陽卵卵黄油黒にんにく
2,980円(税込)
60粒 約1カ月分
※商品の写真を入れる

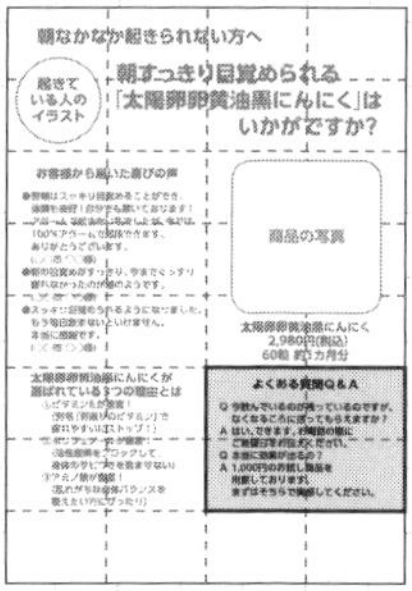

⑤不安対策(リスク対策)を入れる

よくある質問Q&A

Q 今飲んでいるのが残っているのですが、なくなるころに送ってもらうことはできますか？

A はい、できます。お電話の際にご希望日をお伝えください。

Q 本当に効果が出るの？

A 1,000円のお試し商品を用意しております。まずはそちらで実感してください。

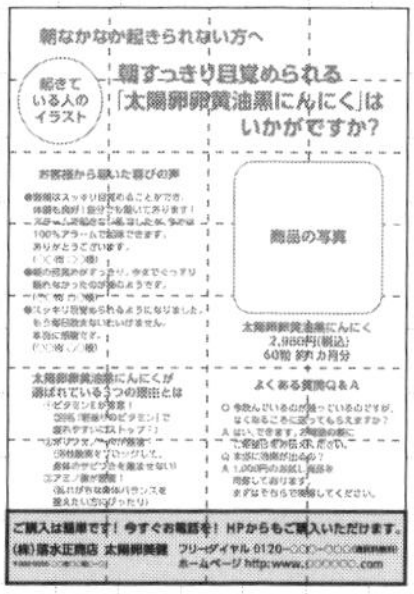

⑥行動喚起・問い合わせを入れる

(行動喚起)
ご購入は簡単です！ 今すぐお電話を！
HPからもご購入いただけます。

(問い合わせ)
(株)落水正商店　太陽卵美健
〒○○○-○○○○ ○○市○○町○−○
フリーダイヤル 0120−○○○−○○○(通話料無料)
ホームページ http://www.○○○.com

図50

8つのパーツを入れ込んだラフ案

朝なかなか起きられない方へ

起きている人のイラスト

朝すっきり目覚められる
「太陽卵卵黄油黒にんにく」は
いかがですか?

お客様から届いた喜びの声

●翌朝はスッキリ目覚めることができ、
体調も良好!自分でも驚いております!
アラームで起きない私でしたが、今では
100%アラームで起床できます。
ありがとうございます。
(○○市 ○○様)

●朝の目覚めがすっきり。今までぐっすり
眠れなかったのが嘘のようです。
(○○市 ○○様)

●スッキリ目覚められるようになりました。
もう毎日飲まないといけません。
本当に感謝です。
(○○市 ○○様)

商品の写真

太陽卵卵黄油黒にんにく
2,980円(税込)
60粒 約1カ月分

太陽卵卵黄油黒にんにくが
選ばれている3つの理由とは

①ビタミンEが豊富!
(別名「若返りのビタミン」で
疲れやすいにストップ!)

②ポリフェノールが豊富!
(活性酸素をブロックして、
身体のサビつきを進ませない)

③アミノ酸が豊富!
(乱れがちな身体バランスを
整えたい方にぴったり)

よくある質問Q&A

Q 今飲んでいるのが残っているのですが、
なくなるころに送ってもらうことは
できますか?

A はい、できます。お電話の際に
ご希望日をお伝えください。

Q 本当に効果が出るの?

A お試し商品(1,000円)を
ご用意しております。
まずはそちらで実感してください。

ご購入は簡単です! 今すぐお電話を! HPからもご購入いただけます。

(株)落水正商店 太陽卵美健
〒○○○-○○○○ ○○市○○町○-○

フリーダイヤル 0120-○○○-○○○(通話料無料)
ホームページ http:www.○○○.com

列）くらい使って書きます。

行動喚起・問い合わせを入れる

最後に、行動喚起と問い合わせを一番下の４マス（タテ1行×ヨコ４列）に書きます。

最終調整を行なう

枠やイラストを書き込んでラフ案を完成させます。

広告会社に依頼してラフ案を形にする

「A４」1枚アンケート広告作成法を理解している広告会社に依頼して、ラフ案を形にしてもらって完成です（次ページの図51参照）。もし理解していなければ、この本を読んでもらってください。なぜなら、どの文字をどの大きさで表現すればいいかわからないと、売れる広告にならないからです。

図51

広告会社に依頼してラフ案を形にする

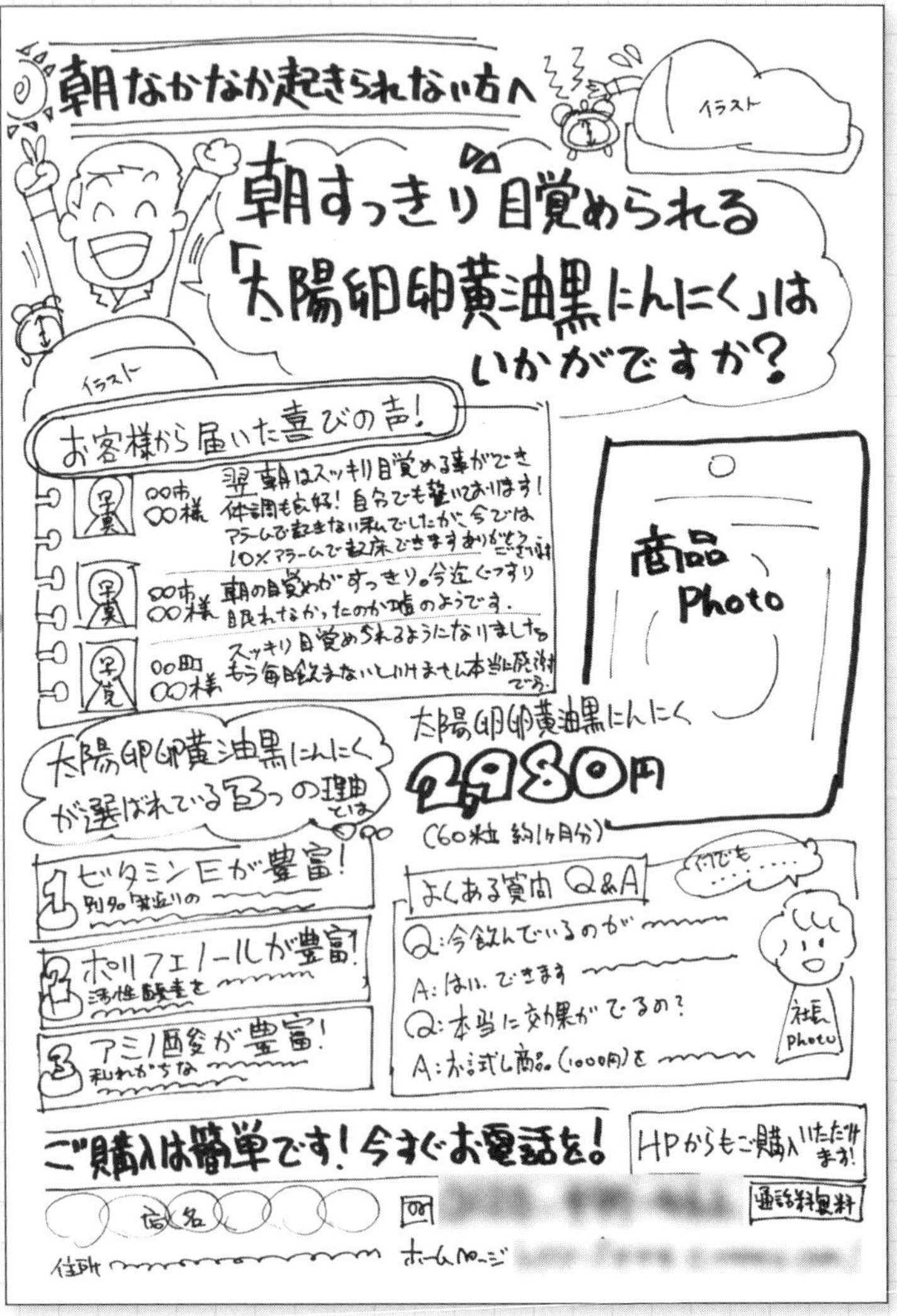
朝なかなか起きられない方へ
イラスト
朝すっきり目覚められる「太陽卵卵黄油黒にんにく」はいかがですか？
イラスト
お客様から届いた喜びの声！
写真
○○市 ○○様
写真
○○市 ○○様
朝の目覚めがすっきり。今迄ぐっすり眠れなかったのが嘘のようです。
写真
○○町 ○○様
スッキリ目覚められるようになりました。
商品Photo
太陽卵卵黄油黒にんにく
2980円
(60粒 約1ヶ月分)
太陽卵卵黄油黒にんにくが選ばれている3つの理由とは
1 ビタミンEが豊富！
2 ポリフェノールが豊富！
3 アミノ酸が豊富！
よくある質問 Q&A
Q：今飲んでいるのが
A：はい、できます
Q：本当に効果がでるの？
A：お試し商品（1000円）を
社長Photo
ご購入は簡単です！今すぐお電話を！
HPからもご購入いただけます！
店名
通話料無料
ホームページ
住所

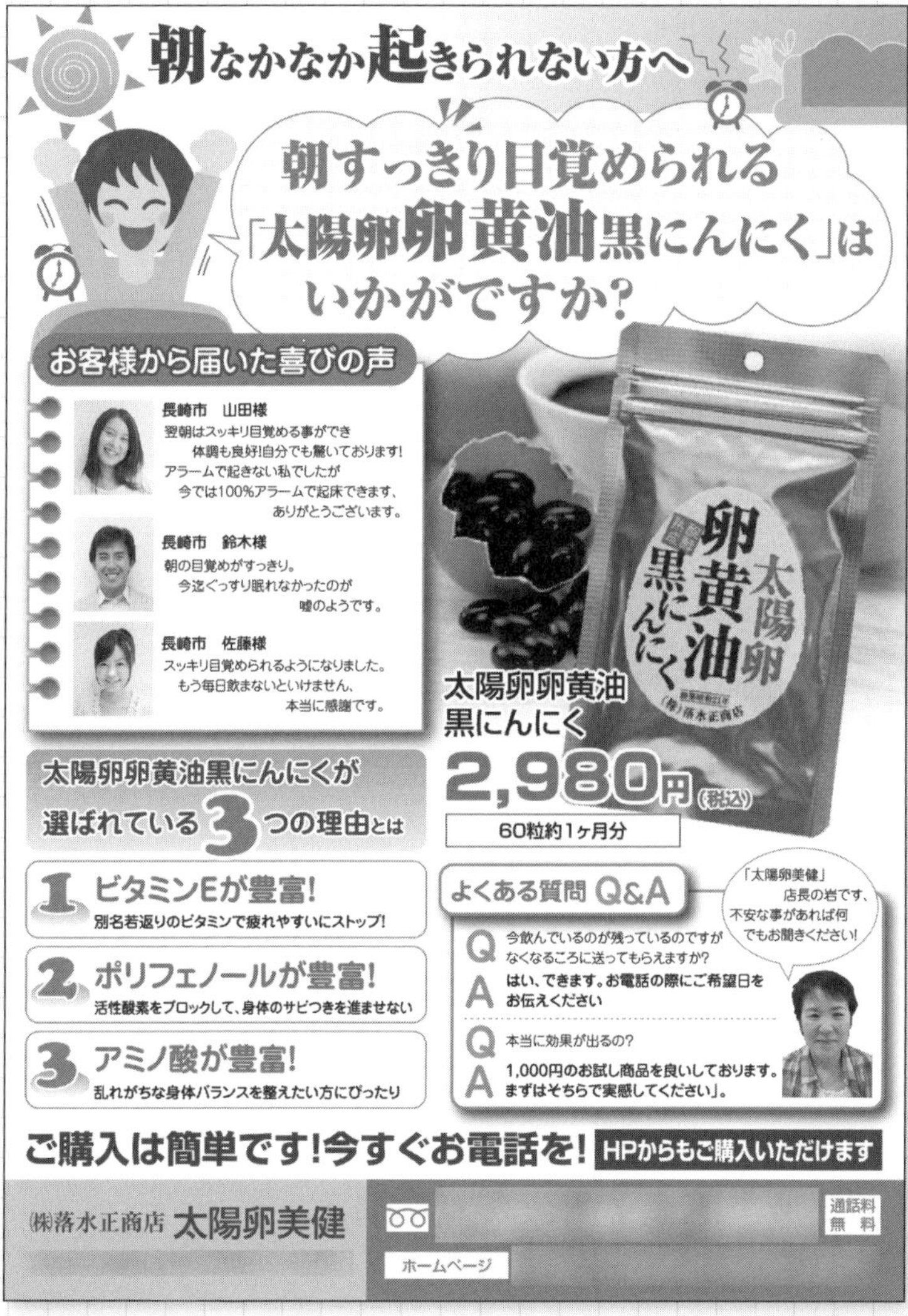
朝なかなか起きられない方へ
朝すっきり目覚められる
「太陽卵卵黄油黒にんにく」は
いかがですか?
お客様から届いた喜びの声
長崎市　山田様
翌朝はスッキリ目覚める事ができ
体調も良好!自分でも驚いております!
アラームで起きない私でしたが
今では100%アラームで起床できます、
ありがとうございます。
長崎市　鈴木様
朝の目覚めがすっきり。
今迄ぐっすり眠れなかったのが
嘘のようです。
長崎市　佐藤様
スッキリ目覚められるようになりました。
もう毎日飲まないといけません、
本当に感謝です。
太陽卵
卵黄油
黒にんにく
(株)落水正商店
太陽卵卵黄油
黒にんにく
2,980円(税込)
60粒約1ヶ月分
太陽卵卵黄油黒にんにくが
選ばれている3つの理由とは
1 ビタミンEが豊富!
別名若返りのビタミンで疲れやすいにストップ!
2 ポリフェノールが豊富!
活性酸素をブロックして、身体のサビつきを進ませない
3 アミノ酸が豊富!
乱れがちな身体バランスを整えたい方にぴったり
よくある質問 Q&A
「太陽卵美健」
店長の岩です、
不安な事があれば何
でもお聞きください!
Q 今飲んでいるのが残っているのですが
なくなるころに送ってもらえますか?
A はい、できます。お電話の際にご希望日を
お伝えください
Q 本当に効果が出るの?
A 1,000円のお試し商品を良いしております。
まずはそちらで実感してください」。
ご購入は簡単です!今すぐお電話を!
HPからもご購入いただけます
㈱落水正商店 太陽卵美健
通話料
無料
ホームページ

注：説明をわかりやすくするために薬事法には準拠していません
デザイン：山田径子

STEP6

広告ラフ案をグループごとに発表する

これまでの説明で、チラシやホームページなどに使用する広告が完成しました。

しかし、社内で「A4」1枚アンケート実践勉強会に参加する人たちが多い場合は、印刷会社やホームページ制作会社に依頼する前に、ぜひ行なってほしいことがあります。それは、グループごとにラフ案を発表し、ラフ案のクオリティを高めることです。

発表会のアイデアをラフ案に反映させる

それぞれのグループ内でも、何人かで話し合いながらつくるとさまざまなアイデアが出てきますが、各グループでつくったラフ案を発表し合うことで、さらにアイデアが生まれます。

自分たちのグループのラフ案にはなかったこと、たとえば「問い合わせにQRコード

図52

グループ発表会の様子

宮崎県 商工会議所経営指導員研修での発表会の様子。

が入っているとよい」「お客様の声には顔写真を入れたほうがよい」などをアドバイスし合ってみてください。

自分たちのグループで10個アイデアが出たとして、それが5グループあれば50個のアイデアが出たことになります。普通に50個のアイデアを出すのはなかなか難しいと思いますが、このように**グループ内の人と話したり他のグループのラフ案を見たりすることでアイデアが出やすくなるもの**です。

そうして出てきたさまざまなアイデアを検討し、取り入れたほうがよいと思われるものをラフ案に反映して完成させます。

なぜ、文字が多い広告が多いのか？

これまでの広告をご覧いただくと、文字が多いなと思われたかもしれません。こういう文字が多い広告の例をご紹介すると、「広告は文字が少ないほうがよいのではないか？」と言われることがあります。**私も文字が少なくて売れる広告が一番よいと思っています。**

しかし、文字が少ないまま売ろうとするのはきわめてレベルが高いことなのです。

たとえば、男女の恋愛で考えてみましょう。

パッと見ただけで異性を好きにさせるのは、よほど容姿端麗でないと難しいと思います。第一印象では好きになってもらえなかった、でもなんとかお付き合いしたいと思ったら、あなたなら何をしますか？

おそらく、自分のことを一生懸命に話したり、「まずはお茶でもどうですか？」と言葉を尽くしてアピールすると思います。

広告も同じです。文字が少なくても売れる広告というのは、キャッチコピー、デザイン、レイアウト、配色等すべてが整っているものです。

広告のプロでも反響を得るのが難しいのに、**広告づくりに慣れていない方がいきなりそこを狙うのはかなりのギャンブル**だと思うのです。ですから、しっかり説明する広告をつくってくださいと伝えているのです。

広告の反響がないと、多くの方々は自社の商品やサービスが悪いからだと思ってしまいます。しかし、私から見ると「商品の良さがまったく伝わっていません」という広告が本当に多いのです。

売れないのは商品・サービスが悪いからではなく、その良さがお客様に伝わっていない

ことがほとんどなのです。ですから、まずは本書で紹介した方法でしっかり説明してみてほしいのです。それにより、「なるほど、そういう商品だったのか」と購入してくださる方が増えてくると思います。

それから、お客様にしっかり説明することが大事だというのには、もう1つ大きな理由があります。それは、**自社の商品に合わないお客様が来ないようにする**ということです。

たとえば、あるラーメン屋さんでは「こってりスープ」のラーメンを提供しているのに、看板には「ラーメン」としか書いていなかったとします。これではどんなスープなのかわからないので、「こってりスープ」大好き派も来店しますし、「あっさりスープ」大好き派も来店することになります。

こってりスープ大好き派の人は、自分の大好きな味なのでまた来たいと思ってくれるでしょう。しかし、あっさりスープ大好き派の人はどうでしょうか？「何なんだ！この脂っこいスープは。こんなスープの店には二度と来るものか！」となってしまいます。

昔は、こうしたお客様が来店しなくなるだけで済みました。しかし現在では、口コミサイトやブログ、フェイスブック、ツイッターなど、個人が情報発信できるツールがたくさ

図53

説明不足だと悪評が広まりやすい

**説明が少ないと、
自分の商品に合わないお客様も
来てしまい悪評が広まる**

脂っこいスープでまずい
こってりスープでおいしい
あっさりスープ大好き派
こってりスープ大好き派
こってりスープラーメンなのにラーメンとしか書いていないと…

ワンポイント

これからの時代は、どんな商品なのか詳しく書いて、本当に喜んでもらえるお客様だけを集めるようにしなければならない。

んあります。その結果、こういう人がそこに「脂っこいスープでとても食べられなかった。二度と行かないと思います」とわざわざ書くわけです。

ラーメンは決してまずくないのに、しっかり説明しなかったばかりに、自分の商品に合わないお客様も来てしまい、悪いレビューを書かれ、いつの間にか新規のお客様が来なくなってしまうのです。

そういう可能性があるので、しっかり説明した広告をおすすめしているのです。

本書の冒頭に、次のように書きました。

突然ですが、あなたは新しい販促手法を否定するタイプですか？　それとも、まずはやってみようと思うタイプですか？

前者の方は、本書を読んでも役に立たないと思われます。せっかく手に取っていただいたのに恐縮ですが、そっと元の位置にお戻しください。

逆に後者の方は、本書のノウハウをかなり活用できると思いますので、ぜひ最後までお読みください。

これも、事前に説明することによって、合わない（読んでも役に立たない）人が買わないようにしているのです。新しい販促手法を否定するタイプの人から「役に立ちませんでした」とブログ等で書かれても嫌なので、あらかじめ書いておいたのです。

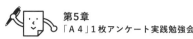

悩みや欲求ごとに広告をつくって試してみる

窓メーカーとして有名なYKK AP株式会社さんでも、「MADOショップ」（YKK APがサポートする全国展開の窓リフォーム店）での活用を想定し、『A4』1枚アンケート実践勉強会」を社内研修で行ないました。

その勉強会をもとに、窓の内側に取り付けるだけで断熱・遮熱・防音・結露抑制などの効果があるエコ内窓「プラマードU」という商品のラフ案をつくりました。

255〜258ページをご覧いただければおわかりのように、このラフ案はお客様の悩みごとに4枚に分かれています。このようなチラシが出来上がれば、それぞれの悩みにぴったり合ったチラシをポスティングすることができます。

たとえば、外の自動車の音がうるさくて「プラマードU」を取り付けたお客様がいたとします。なぜ外の車の音がうるさかったかというと、目の前が国道で大きなトラックが

図54

YKK APさんで開催された勉強会の様子

図55

YKK APさんの完成チラシ①

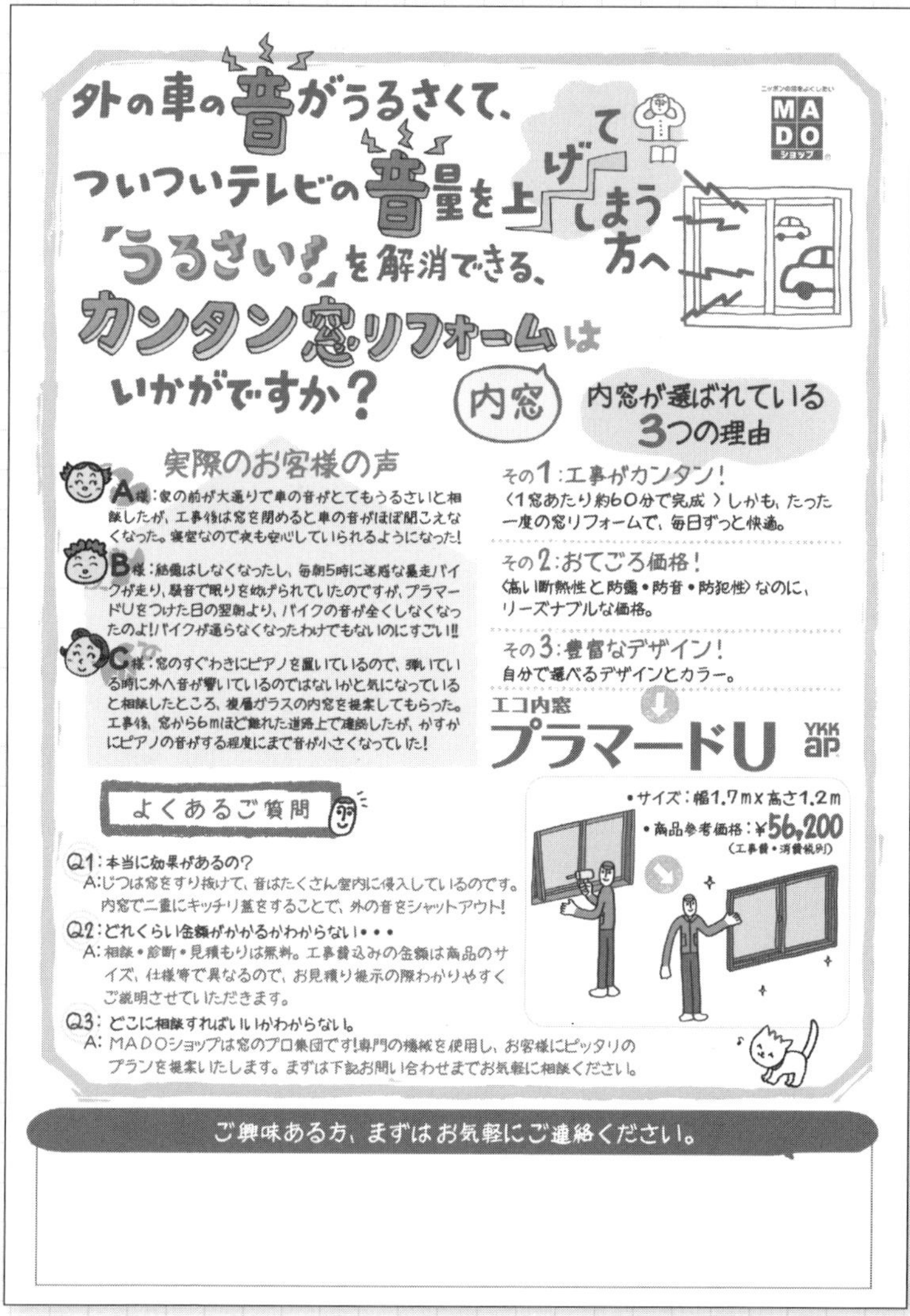
外の車の音がうるさくて、
ついついテレビの音量を上げてしまう方へ
「うるさい!」を解消できる、
カンタン窓リフォームは
いかがですか？
MADOショップ
内窓
内窓が選ばれている3つの理由
実際のお客様の声
A様：家の前が大通りで車の音がとてもうるさいと相談したが、工事後は窓を閉めると車の音がほぼ聞こえなくなった。寝室なので夜も安心していられるようになった!
B様：結露はしなくなったし、毎朝5時に迷惑な暴走バイクが走り、騒音で眠りを妨げられていたのですが、プラマードUをつけた日の翌朝より、バイクの音が全くしなくなったのよ!バイクが通らなくなったわけでもないのにすごい!!
C様：窓のすぐわきにピアノを置いているので、弾いている時に外へ音が響いているのではないかと気になっていると相談したところ、複層ガラスの内窓を提案してもらった。工事後、窓から6mほど離れた道路上で確認したが、かすかにピアノの音がする程度にまで音が小さくなっていた!
その1：工事がカンタン!
〈1窓あたり約60分で完成〉しかも、たった一度の窓リフォームで、毎日ずっと快適。
その2：おてごろ価格!
〈高い断熱性と防露・防音・防犯性〉なのに、リーズナブルな価格。
その3：豊富なデザイン!
自分で選べるデザインとカラー。
エコ内窓
プラマードU
YKK ap
・サイズ：幅1.7m×高さ1.2m
・商品参考価格：¥56,200
（工事費・消費税別）
よくあるご質問
Q1：本当に効果があるの？
A：じつは窓をすり抜けて、音はたくさん室内に侵入しているのです。内窓で二重にキッチリ蓋をすることで、外の音をシャットアウト!
Q2：どれくらい金額がかかるかわからない・・・
A：相談・診断・見積もりは無料。工事費込みの金額は商品のサイズ、仕様等で異なるので、お見積り提示の際わかりやすくご説明させていただきます。
Q3：どこに相談すればいいかわからない。
A：MADOショップは窓のプロ集団です!専門の機械を使用し、お客様にピッタリのプランを提案いたします。まずは下記お問い合わせまでお気軽に相談ください。
ご興味ある方、まずはお気軽にご連絡ください。

図56

YKK APさんの完成チラシ②

冬、窓からくる「寒さ」でお困りの方へ
冬場の「ゾクッ」を解消できる、
カンタン窓リフォームはいかがですか？
MADOショップ
内窓
内窓が選ばれている3つの理由
その1：工事がカンタン！
〈1窓あたり約60分で完成〉しかも、たった一度の窓リフォームで、毎日ずっと快適。
その2：おてごろ価格！
〈高い断熱性と防露・防音・防犯性〉なのに、リーズナブルな価格。
その3：豊富なデザイン！
自分で選べるデザインとカラー。
実際のお客様の声
A様：冬場、寝室で窓辺からの冷気をほとんど感じなくなり、朝まで快眠が得られて体の調子もよいです。また、脱衣所で『ゾクッ』と凍えそうな寒さも改善され、安心して入浴できるようになりました。
B様：寒い日は、エアコンとファンヒーターを同時にフル稼働で使用していましたが、今はエアコンとサーキュレーターで十分快適に過ごせるようになりました。何より毎回灯油を入れる手間がなくなったのはとてもありがたい！
C様：冬場、窓が水滴でビショビショで拭き掃除が大変だったけど、その必要がなくなりました。壁、カーテンのカビ等の不安も解消されました。
エコ内窓
プラマードU
YKK ap
•サイズ：幅1.7m×高さ1.2m
•商品参考価格：¥56,200
（工事費・消費税別）
よくあるご質問
Q1：本当に効果があるの？
A：たとえば、魔法瓶は中が二重構造になっているので、飲み物が冷えにくくなっています。内窓も、窓を二重にすることによって同様に部屋の保温効果が高まるのです。
Q2：どれくらい金額がかかるかわからない・・・。
A：相談・診断・見積は無料。工事費込の金額は商品のサイズ、仕様等で異なるので、お見積り提示の際、わかりやすくご説明させていただきます。
Q3：どこに相談すればいいかわからない。
A：MADOショップは窓のプロ集団です！専門の機械を使用し、お客様にピッタリのプランを提案いたします。まずは下記お問い合わせまでお気軽に相談ください。
ご興味ある方、まずはお気軽にご連絡ください。

図57

YKK APさんの完成チラシ③

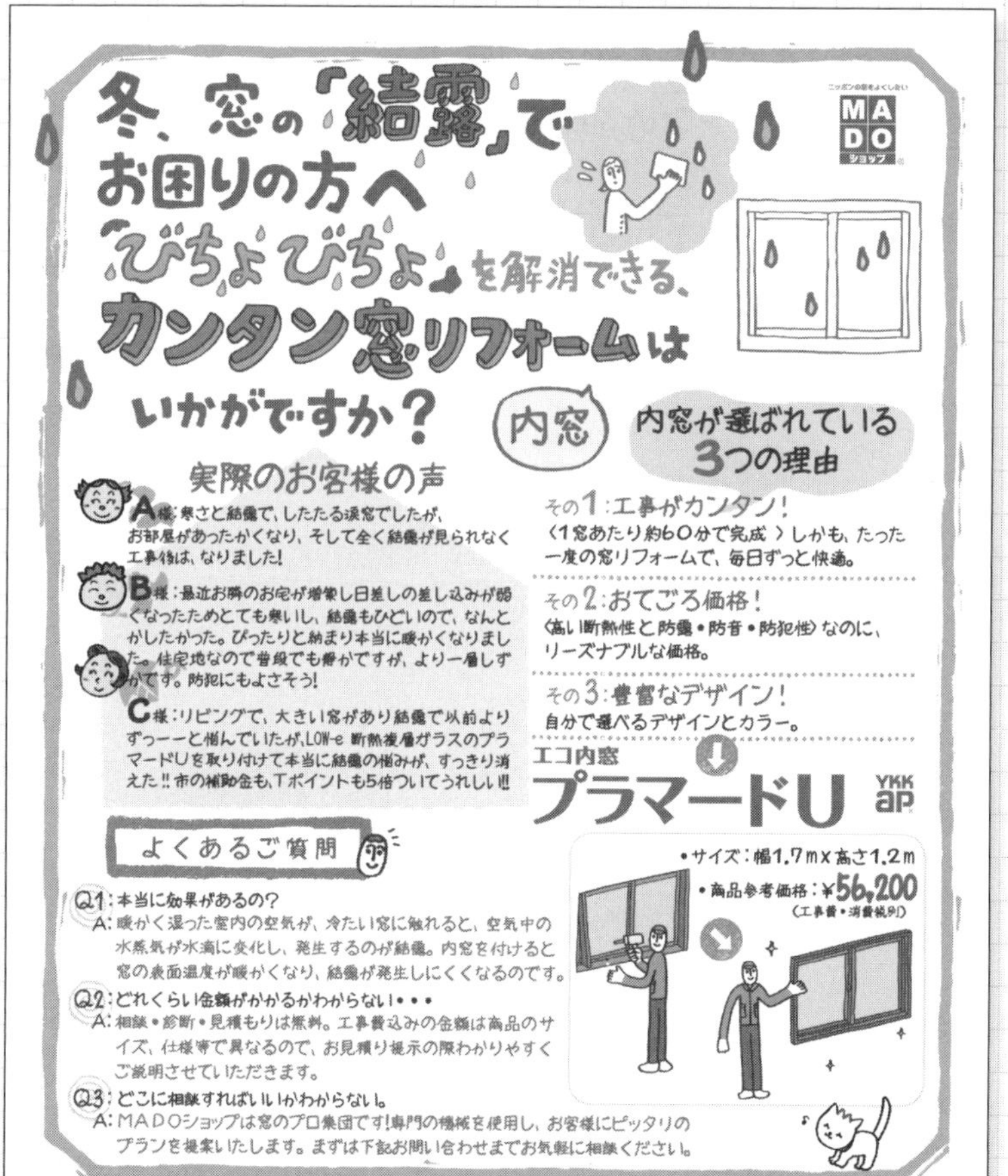
ニッポンの窓をよくしたい
MADO ショップ
冬、窓の「結露」でお困りの方へ
「びちょびちょ」を解消できる、
カンタン窓リフォームは
いかがですか？
実際のお客様の声
A様：寒さと結露で、したたる涙窓でしたが、お部屋があったかくなり、そして全く結露が見られなく工事後は、なりました!
B様：最近お隣のお宅が増築し日差しの差し込みが弱くなったためとても寒いし、結露もひどいので、なんとかしたかった。ぴったりと納まり本当に暖かくなりました。住宅地なので普段でも静かですが、より一層しずかです。防犯にもよさそう!
C様：リビングで、大きい窓があり結露で以前よりずっーーと悩んでいたが、LOW-e 断熱複層ガラスのプラマードUを取り付けて本当に結露の悩みが、すっきり消えた!! 市の補助金も、Tポイントも5倍ついてうれしい!!
内窓
内窓が選ばれている3つの理由
その1：工事がカンタン!
〈1窓あたり約60分で完成〉しかも、たった一度の窓リフォームで、毎日ずっと快適。
その2：おてごろ価格!
〈高い断熱性と防露・防音・防犯性〉なのに、リーズナブルな価格。
その3：豊富なデザイン!
自分で選べるデザインとカラー。
エコ内窓
プラマードU
YKK ap
・サイズ：幅1.7m×高さ1.2m
・商品参考価格：¥56,200
（工事費・消費税別）
よくあるご質問
Q1：本当に効果があるの？
A：暖かく湿った室内の空気が、冷たい窓に触れると、空気中の水蒸気が水滴に変化し、発生するのが結露。内窓を付けると窓の表面温度が暖かくなり、結露が発生しにくくなるのです。
Q2：どれくらい金額がかかるかわからない・・・
A：相談・診断・見積もりは無料。工事費込みの金額は商品のサイズ、仕様等で異なるので、お見積り提示の際わかりやすくご説明させていただきます。
Q3：どこに相談すればいいかわからない。
A：MADOショップは窓のプロ集団です!専門の機械を使用し、お客様にピッタリのプランを提案いたします。まずは下記お問い合わせまでお気軽に相談ください。
ご興味ある方、まずはお気軽にご連絡ください。

図58

YKK APさんの完成チラシ④

夏、クーラーをつけているのに「効きが悪い!」と
感じることがある方へ
ニッポンの窓をよくしたい
MADO ショップ
「暑い」を解消できる、
カンタン窓リフォームは
いかがですか？
実際のお客様の声
A様：去年は急な暑さで体がおかしくなりそうでしたが、家に帰ると内窓のおかげで室温がほとんどあがっておらず、ありがたかったです。
B様：LOW-e 断熱複層ガラスを選んだが、エアコンの効きが違う。直ぐ冷える。こんなにすぐ出来るなら、もっと早くすればよかった。
C様：ガラス面積が大きいせいか窓際の暑さに悩んでいた。ガラスの表面温度が 33 度だったのが、工事後は、29度まで下がって感動した!
内窓
内窓が選ばれている3つの理由
その1：工事がカンタン！
〈1窓あたり約60分で完成〉しかも、たった一度の窓リフォームで、毎日ずっと快適。
その2：おてごろ価格！
〈高い断熱性と防露・防音・防犯性〉なのに、リーズナブルな価格。
その3：豊富なデザイン！
自分で選べるデザインとカラー。
エコ内窓
プラマードU
YKK ap
・サイズ：幅1.7m×高さ1.2m
・商品参考価格：¥56,200
（工事費・消費税別）
よくあるご質問
Q1：本当に効果があるの？
A：じつは太陽の日差しが窓から入り込むことで、どんどん室内の温度は上昇してしまうのです・・・。内窓で日差しの侵入を軽減させると、室内の冷房効率を高めることができるのです!
Q2：どれくらい金額がかかるかわからない・・・
A：相談・診断・見積もりは無料。工事費込みの金額は商品のサイズ、仕様等で異なるので、お見積り提示の際わかりやすくご説明させていただきます。
Q3：どこに相談すればいいかわからない。
A：MADOショップは窓のプロ集団です!専門の機械を使用し、お客様にピッタリのプランを提案いたします。まずは下記お問い合わせまでお気軽に相談ください。
ご興味ある方、まずはお気軽にご連絡ください。

通っているからだとします。

そうすると、同じように国道沿いのお客様は、車の音がうるさくて困っている可能性がありますそれなら、国道沿いの家に「外の車の音がうるさくて、ついついテレビの音量を上げてしまう方へ」というチラシをポスティングしていけば、同じように車の音がうるさくて何とかしたいと思っている方が、「そんないい方法があったのか！良い方法を教えてくれてありがとう」と喜んで工事を依頼してくれる可能性も高くなります（255ページの図55参照）。

多くの人に受け入れられようと、「あれもこれも効果があります」と書いた広告をつくるより、「まさに自分のことだ」と思ってもらえる広告のほうが、結果的に反響が出て、費用対効果で考えると元がとりやすいのです。

このチラシのように悩みごとでもつくることができますし、決め手や感想からつくることもできます。つまり**「A４」1枚アンケートを取り続けることで、マンネリ化しない販促を行ない続けることができる**のです。

最初のうちは、自分たちだけで上手くできるだろうかと不安を感じたり、出来上がった

図59

「A4」1枚アンケート実施フローチャート

「A4」1枚アンケートを30枚収集した結果、
Aの悩み18枚、Bの悩み6枚、Cの悩み3枚、
その他の悩みが1枚ずつとなった場合。

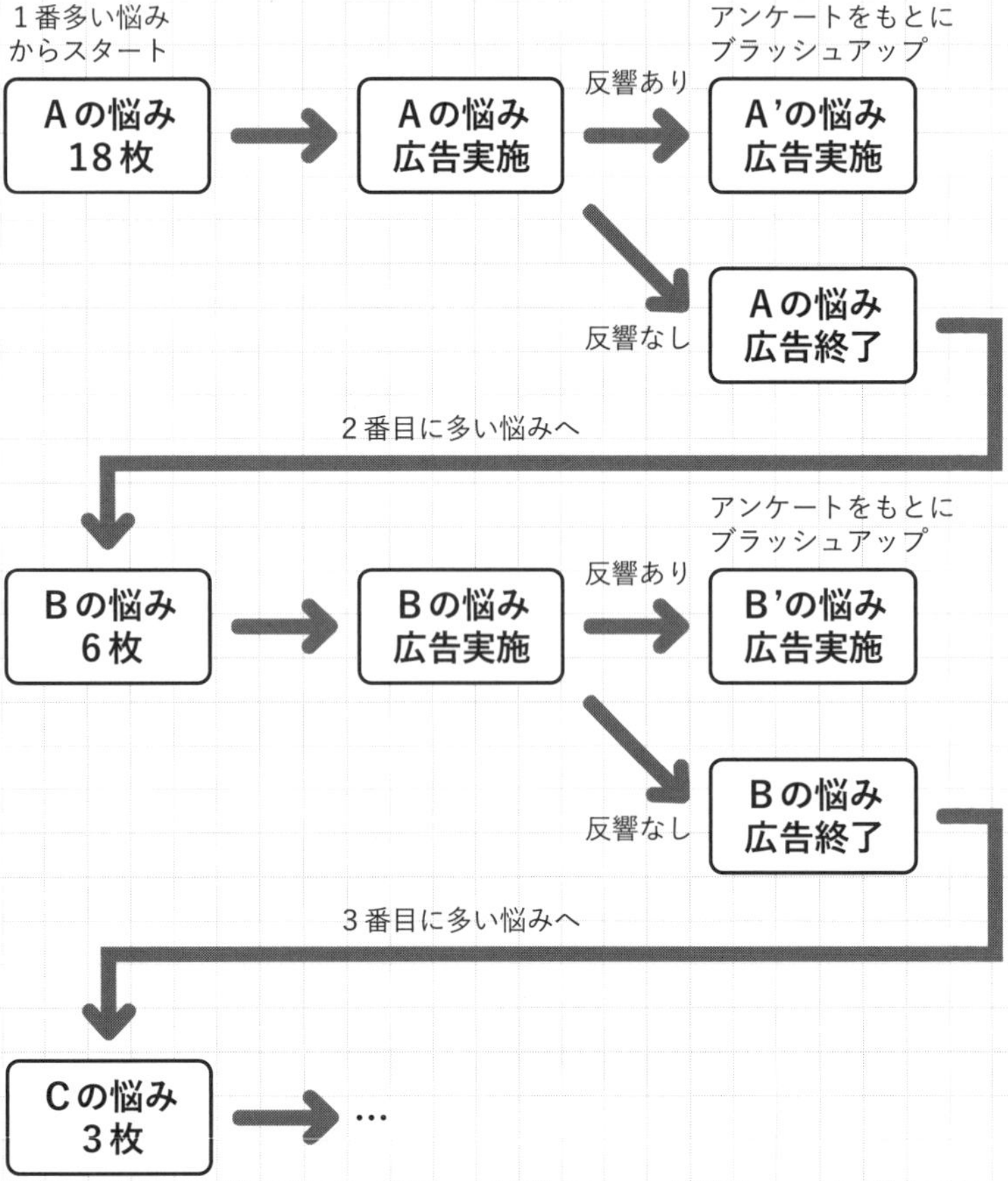

ラフ案に問題がないかどうか心配かもしれません。

そういう場合は、「A4」1枚アンケート広告作成アドバイザーを呼んで勉強会を行なうといいと思います。巻末に「A4」1枚アンケート広告作成アドバイザー一覧と公式ホームページのURLを掲載しましたのでご覧ください。

おわりに――「A4」1枚アンケートは最高の教科書であり、最高の販促法

いかがでしたか？

「A4」1枚のアンケートがあらゆる販促に使えるということをご理解いただけたと思います。

紙面の都合ですべての事例は載せられませんでしたが、実をいうと「A4」1枚アンケートを使うことで、新商品をつくることも紹介を増やすこともできます。

新商品をつくりたければ、

「どんな商品があったらお金を払ってでも買いたいと思いますか？」

「あなたが当社のスタッフだとしたら、どんな商品をつくりますか？」

「普段どういうものにお金を使っていますか？」

ということをファンの人に聞けばいいのです。

紹介を増やしたければ、
「この商品を他の人に紹介するなら、何と言って紹介しますか？」
「この商品を紹介するなら誰に紹介しますか？それはなぜですか？」
「何があったら紹介しやすいですか？」
ということをファンの人に聞けばいいのです。

とにかく一番大事なことは、わからないことがあればお金を喜んで払ってくれているファンの人に聞くということです。

なぜ多くの人がアンケートで失敗するのかというと、お金を払っていない人や、お金を仕方なく払っている人に聞くからです。

お金を喜んで払ってくれているファンの人が欲しい商品や紹介しやすい仕組みをつくれば、ファンの人が喜んで協力してくれて業績はどんどん上がっていきます。

ファンの声を聞く「Ａ４」１枚アンケートは、あなたにとっての最高の教科書であり、

そこに書かれているファンの声に応えていくことが最高の販促法なのです。

前著『「A4」1枚アンケートで利益を5倍にする方法』を出版する前、私は脳内出血の中でもとくに危険といわれている脳幹出血を起こして緊急入院しました。

幸い一命をとりとめましたが、ベッドの上で「神様は私に何をさせるために生かしたのだろう?」とずっと考えていました。

そして過去を振り返ってみると、私は良いものを持っているにもかかわらず上手く伝えられなくて困っている人からのコンサルティング依頼が多く、また、そういった人を手助けしているときが一番やりがいを感じているということに気づいたのです。

「そうか、神様は、良いものを持っているにもかかわらず上手く伝えられなくて困っている人をもっと救わせるために私を生かしたんだ」と思い、『「A4」1枚アンケートで利益を5倍にする方法』を出版しました。

出版する前に原稿を読んでもらった仲間からは「ここまでノウハウを公開しちゃっていいの?」と言われましたが、これを世の中に伝えるために神様は私を生かしたんだと思い、包み隠さず公開しました。

それが良かったのか、「アマゾン上陸15年、『売れたビジネス書』50冊」にランクインするほど売れ、多くの方から感謝の声をいただきました。

また、私と一緒に「Ａ４」１枚アンケートを伝えたいと言ってくれる仲間も全国各地にできました。

本当にあのとき、死ななくて良かったです。

しかし、一度脳幹出血を起こしたわけですから、またいつ起こすかわかりません。

いつ死んでも良いように、今回も大事なことは包み隠さず公開したつもりです。

この本が前作同様、良いものを持っているにもかかわらず上手く伝えられなくて困っている人、また、そういった人を助けたいと思っている人の役に立てば幸いです。

岡本達彦

「Ａ４」1枚アンケート広告作成アドバイザー一覧（一部）

本書の中には「Ａ４」1枚アンケート広告作成アドバイザーが数多く登場しました。

彼らも最初は自分の商品・サービスの良さを上手く伝えられない、またはクライアントの商品・サービスの良さを上手く伝えられなくて困っていたときに「Ａ４」1枚アンケートに出会い、自ら実践して効果を実感し、この良さをもっと多くの人に伝えたいと認定アドバイザーになりました。

ですから困ったことがあれば、気軽に相談してみてください。親身になって相談に乗ってくれると思います。

また、各認定アドバイザーが開催している「Ａ４」1枚アンケート実践勉強会に参加すれば、紙面の都合で本書には載せられなかったさまざまな成功事例を知ることができます。ぜひ一度参加してみてください。

詳しくは公式ホームページをご覧ください。

「Ａ４」1枚アンケート広告作成アドバイザー協会
http://www.a4kikaku.com

・東京都　弘中　正年
・神奈川県　金子　綾
・埼玉県　田部井　宏行
・静岡県　神南　臣之輔
・愛知県　大見　和志
・京都府　振本　一
・京都府　小宮　康義
・大阪府　阿波　雅士
・大阪府　浅野　雅義
・大阪府　岡室　俊之

・広島県　寺戸　守
・福岡県　山田　修史
・福岡県　清水　貴弘
・鹿児島県　佐々木　こづえ
・沖縄県　座安　雄照
・沖縄県　豊平　尚哉
・沖縄県　比嘉　正敏
・沖縄県　大島　やすほ
・沖縄県　上原　崇

ここに掲載していないアドバイザーについては公式ホームページをご覧ください。

[著者]
岡本達彦（おかもと・たつひこ）
中小企業の販促のやり方を知り尽くしている販促専門コンサルタント。
広告制作会社時代に100億円を超える販促展開で培った成功ノウハウをベースに、難しいマーケティング理論・テクニックを覚えなくてもアンケートの答えから売れる広告がつくれるという独自の広告作成手法を生み出す。
お金をかけず簡単にできて即効性があることから、全国の商工会議所、商工会、上場企業、金融機関、公的機関、大学、フランチャイズ本部などさまざまな団体からセミナー依頼が殺到し、コンサルティングは常に順番待ちとなっている。
著書に販促書籍のベストセラーになった『「Ａ４」１枚アンケートで利益を５倍にする方法──チラシ・ＤＭ・ホームページがスゴ腕営業マンに変わる！』『お客様に聞くだけで「売れない」が「売れる」に変わるたった１つの質問』（ともにダイヤモンド社）がある。
〈ホームページ〉http://www.1ap.jp/

あらゆる販促を成功させる「Ａ４」１枚アンケート実践バイブル
──お客様の声から売れる広告・儲かる仕組みが確実に作れる！

2016年６月23日　第１刷発行
2021年12月17日　第４刷発行

著　者───岡本達彦
発行所───ダイヤモンド社
〒150-8409　東京都渋谷区神宮前6-12-17
https://www.diamond.co.jp/
電話／03･5778･7233（編集）　03･5778･7240（販売）
装丁────布施育哉
本文デザイン・DTP─ISSHIKI
編集協力───宇治川 裕
イラスト───Shutterstock.com（p144、p151、p157、p163）
製作進行───ダイヤモンド・グラフィック社
印刷────勇進印刷（本文）・加藤文明社（カバー）
製本────本間製本
編集担当───小川敦行

ISBN 978-4-478-06799-4